현직 교사가 알려 주는

심리 50
도서

현직 교사가 알려 주는
심리 도서 50

1판 1쇄 발행 2024년 1월 3일

지은이 김선
발행인 조상현
마케팅 조정빈 **편집인** 경영선 **디자인** 페이퍼컷 장상호

발행처 더디퍼런스
등록번호 제2018-000177호
주소 경기도 고양시 덕양구 큰골길 33-170(오금동)
문의 02-712-7927 **팩스** 02-6974-1237
이메일 thedibooks@naver.com **홈페이지** www.thedifference.co.kr

ISBN 979-11-6125-443-2 03370

현직 교사가 알려 주는

심리 도서 50

**초등 시크릿
독서 교육**

김선 지음

더디퍼런스

안정이 엄마　그렇게 공부를 잘하던 아이가 중학교에 가자마자
　　　　　　왜 그렇게 힘들어하는 거야?
　　　　　　무슨 문제라도 있어?

불안이 엄마　휴, 너무 다른 아이들 사이에서 힘들었나 봐.
　　　　　　초등학교 다닐 때 우리 동네에는 그런 친구가 없었으니까.
　　　　　　비슷한 아이들하고만 친구를 하다가
　　　　　　완전 다른 세계를 경험하니 나름 충격이었던 것 같아.
　　　　　　안정이도 그렇지 않아?

안정이 엄마　맞아. 그런데 안정이는 초등학교 때
　　　　　　상담심리 관련 책을 많이 읽었어.
　　　　　　그래서 다른 사람을 이해할 수 있는 기회가 많았던 것 같아.
　　　　　　아이들에게 무조건 그 사람을 이해하라고는 할 수 없지만
　　　　　　그 상황을 이해하게 할 수는 있지.
　　　　　　다양한 상황에 놓인 주인공의 심리를 생각하면서
　　　　　　아이들의 마음이 조금 더 자라나기를 바랄 수밖에.

안정이 엄마   실제로 책을 통해 장애를 가진 친구,

경제적으로 어려운 친구,

다문화 가정 친구 등을 이해할 수 있었던 것 같아.

그러니 중학교에 가서 문화적 충격이 적을 수밖에.

그 아이들의 생각과 마음을 읽을 수 있었다고 하더라고.

도대체 왜 그러는지 이해하지 못하더니

어느 순간 너그러워지더라.

앞으로 더 다양한 친구들을 만나고 싶다면서

안정이는 요새 인간관계론을 다룬 책을 읽더라고.

아직 어린 초등학생은

우선 심리 문학서를 읽다가 심리서로 넘어가는 게

가장 좋을 것 같아.

이런 도전이 분명 아이를 단단하게 만드는

밑거름이 될 거라고 생각해.

독서의 중요성이 강조되면서 책 육아를 하지 않으면 아이 학습에 관심이 없는 부모처럼 되어 버렸습니다. 이에 맞추어 글쓰기, 논술, 스피치 등 너무나 많은 책 관련 수업이 아이들에게 요구되고 있습니다. 그런데 아이들의 시간은 유한합니다. 무조건 많은 책을 읽고 수업을 듣는다고 해서 아이들의 내적 성장에 기여하는 것은 아니지요. 정말 좋은 책을 읽어야 합니다.

선생님 사이에서 전해지는 권장 도서와 교과서 수록 도서는 아이들에게 생각할 거리를 많이 제시합니다. 책을 눈으로만 읽는 것이 아니라 머릿속으로 스토리를 생각하고 등장인물의 심리를 이해하면서 자신의 것으로 만들어야 하지요. 결국 작가의 의도를 파악하는 행위로 타인을 이해하는 간접 경험을 하게 됩니다.

사람이 살아가는 데 있어서 타인의 심리를 이해하는 것은 무척 중요합니다. 공감 능력은 교우관계는 물론 앞으로 우리 아이들이 살아갈 미래 세상에서 특히 필요한 자질입니다. 좋은 책을 선별해서 읽고 공감형 독후활동을 하면 이 능력을 키울 수 있습니다. 모든 것을 경험하기 어려운 아이들이 책을 통해 비슷한 사례를 떠올릴 수 있기 때문입니다. 등장인물이 겪었던 어려움과 갈등 해결 방법은 아이의 정서를 단단하게 만들어 줄 수 있습니다.

한 개인이 사회 속에서 어우러지는 데 있어 자신과 타인의 심리를 안다는 것은 아주 중요합니다. 최근 MBTI가 유행하는 것은 '도대체 저 사람은 왜 그래?'에서 '아, 그래서 그렇게 한 거구나!'라고 이해할 수 있게 되었기 때문이지요. 그러나 많은 상담 심리학자가 사람의 심리를 유형화하는 것에 우려를 표출하기도 합니다. 많은 요소가 결합되어 만들어지는 사람의 성격과 인격, 심리는 단순히 이론으로 정리하기 어렵기 때문이지요. 그렇다면 우리 아이들은 어떻게 해야 할까요?

다양한 직접 경험과 좋은 책을 통한 간접 경험으로 사람을 이해할 수 있도록 해야 합니다. 바로 '심리'를 아는 것이지요.

이 책에서 우리 아이들에게 교과서 수록 및 연계 도서를 읽도록 추천하는 이유는 학교 수업을 잘 받거나 국어 시험을 잘 보기 위해서가 아닙니다. 그보다 이 책들이 생각할 거리를 주는 것으로 인정되었기 때문입니다. 모든 책이 아이들에게 바른 인격 함양과 안정된 정서를 주는 데 목적이 있는 것은 아닙니다. 오히려 기준이 흔들리고 심리가 위축되는 책도 있습니다.

'초등 시크릿 독서 교육: 심리 편'에서는 아이들이 함양해야 할 도덕적인 가치를 아이콘으로 표시해 놓았습니다. 가치란, 소중하게 생각하고 얻고자 노력하는 것으로써 인간의 행동에 많은 영향을 줍니다. 무엇이 옳고 그른지 판단하는 것은 자신의 가치관에 따라 달라집니다. 세상에는 다양한 가치가 존재하고 사람마다 추구하는 가치가 달라 갈등이 일어나기도 합니다. 이러한 차이를 이해하는 것이 심리에서 무척 중요하지요. 따라서 아이에게 책을 제시할 때는 부모님께서 먼저 읽어 보시고 권하기를 추천드립니다. 『현직 교사가 알려 주는 심리 도서 50』에 제시되는 책들도 부모님께서 먼저 읽어 보시고 아이와 이야기를 나누었으면 좋겠습니다. 분명 부모님께도 심리나 가치관 형성 측면에서 도움이 되는 책들이기 때문입니다.

저는 우리 소중한 아이들이 『현직 교사가 알려 주는 심리 도서 50』에서 제시하는 다양한 인사이트와 활동을 통해 보다 넓고 편안한 마음으로 자라게 되기를 희망합니다.

상담심리학자, 초등 교사 김선

CONTENTS

현직 교사가 알려 주는 심리 도서 50

초등 저학년

현직 교사가 알려 주는 심리 도서 50

초등 중학년

현직 교사가 알려 주는
심리 도서 50 　　　　　　　　　　초등 고학년

이 책의 활용법

팥죽 할멈과 호랑이 ★교과서 수록 도서
글, 그림 백희나, 박윤규 출판사 시공주니어 연계 교과 국어 2-2

Q 할머니는 '죽음'이 왜
그렇게 슬펐을까요?

책 속으로

팥죽을 맛있게 잘 끓이는 팥죽 할멈이 밭 밑에서 김을 매고 있는데 집채만
한 호랑이가 나타났다. 호랑이는 할멈을 잡아먹겠다며 겁을 주었다. 할멈은 동
지 팥죽을 실컷 먹고 살을 찌운 뒤 자신을 잡아 먹는 게 어떻겠냐며 다음으로
미뤘다. 약속한 날이 되자, 할멈은 곧 죽는다는 사실에 슬퍼 꺼이꺼이 운다. 그
소리를 듣고 있던 알밤, 자라, 물찌똥, 송곳, 돌절구, 멍석, 지게가 맛있는 팥죽을
얻어 먹고는 할멈을 못 잡아먹게 하겠다고 큰 소리를 친다.
호랑이가 나타나 할멈을 잡아먹으려 하는 순간, 아궁이에서 몸을 녹이려는
말과 함께 알밤이 공격하고, 자라가 물어 물찌똥에 미끄러지게 하고, 송곳으로
공격하고, 돌절구에 맞아 나자빠지게 만들었다. 그런 호랑이를 멍석으로 싼 뒤
지게가 깊고 깊은 강물에 던지면 호랑이를 물리쳤다. 그렇게 팥죽 할멈은 맛있
는 팥죽을 계속 끓이면서 오래오래 행복하게 살게 되었다.

시크릿한 책 속 비밀

"떡 하나만 주면 안 잡아먹지!" 어릴 적 많이 들었던 이야기가 떠오릅니다.
여러 전래동화와 민화 속에서 나타나는 호랑이는 우리 민족을 상징한다고 해
도 과언이 아닙니다. 우리나라 지도도 호랑이에 빗대어 설명되고는 하지요.
백희나 작가님은 입체 인형을 만든 뒤 그 위에 그림을 그려 작품을 만듭니
다. 때다른 느낌의 이 책에 아이들은 이내 사로잡혀 버립니다. 실제로 학급에
서 백희나 작가님의 책은 정말 인기가 많습니다. 아이들이 한 번도 경험해 보

협동

지 못했던 스타일의 책이기 때문이지요.
『구름빵』으로 2005년 볼로냐 국제 아동 도서전에서 올해의 일러스트레이
터로 선정되었고, 2020년에는 아동문학계의 노벨상이라고 일컫는 아스트리
드 린드그렌상을 수상하면서 독보적인 자리매김을 하였습니다.
저학년들이 가장 좋아하는 백희나 작가님의 책 시리즈를 추천합니다.

부모와 아이의 인사이트 확장을 위한 TIP

• 아이들은 왜 동물 이야기를 좋아할까요?
동물은 생명이 있지만 사람은 아닌 존재입니다. 아이들은 연령에 따라 동
물을 받아들이는 정도가 다른데, 어릴수록 동화 속 동물을 실제처럼 받아
들이고 재미를 느낍니다.
동물이 넘어지거나 뜨거운 물에 데어도 웃고 넘길 수 있는 요소가 생깁니
다. 만약 사람이 그랬다면 걱정과 죄책감, 불안이 공존하여 책에 몰입할 수
없었겠지만, 동물의 행동은 재미나게 받아들일 수 있지요.
전래동화에 나오는 호랑이는 무서운 모습이 있기도 하지만, 때로는 웃기
게 당하기도 하고 벌을 받기도 합니다. (해와 달이 된 오누이)에서는 호랑
이가 어머니를 잡아먹고 어머니 흉내를 내는 모습을 보여 줍니다. 실제 내

우측 설명 (번호별 안내)

1 교과서와 연계된 학습 과정입니다.
2학년 1학기는 2-1, 3학년은 3으로 적었습니다.

2 작가가 독자에게 건네는 질문(Question)입니다.
질문을 먼저 읽고 책을 읽으면서
지은이의 철학과 책의 주제를
생각해 봤으면 합니다. 작가의 생각은
다음 페이지 A(Answer)를 참고해 보세요.

3 줄거리를 요약한 부분이에요.
주인공이 1인칭으로 이야기를 이끌어 가는 글은
1인칭 시점으로 이야기를 풀어냈습니다.

4 교육 현장에서 아이들과 함께 생활하는
교사의 시각에서 풀어낸 감상평입니다.
책의 숨은 의미, 추천 이유,
독후활동 방향 등을 담았습니다.

5 우정, 배려, 존중 등 도덕적 가치를
예쁜 아이콘으로 그려 넣었습니다.
아이콘을 보면 이 책이 어떤 주제를 담았는지
알 수 있습니다.

6 부모와 아이가 함께
인문학적 소양을 넓힐 수 있는
독후활동입니다.
'문해력' 향상을 위한
다양하고 재미있는 활동으로 구성했습니다.

현직 교사가 알려 주는

심리 도서 50
── 초등 저학년

책 먹는 여우

글, 그림 프란치스카 비어만   출판사 주니어김영사   연계 교과 국어 1, 2

Q 책을 찢어서 먹는 건 어떤 심리일까요?

책 속으로

여우 아저씨는 책을 좋아했다. 어찌나 책을 좋아하던지 소금과 후추를 뿌려 꿀꺽 먹어 치울 지경이었다. 이렇게 하면 지식도 얻고 허기도 채울 수 있었기 때문이다. 그런데도 계속 배가 고팠던 여우 아저씨는 어느 날 책이 많은 도서관에서 책을 훔쳐 먹게 되었고, 결국 '독서 절대 금지'라는 벌을 받고 감옥까지 가게 되었다.

감옥에서 여우 아저씨는 연필에서 생각이 흘러나오는 것처럼 밤낮없이 종이에 글을 쓰기 시작했다. 2주일이 지나자, 923쪽이나 되는 책이 될 정도였다. 여우 아저씨가 굉장한 작가라는 걸 알아차린 교도관 빛나리 씨는 다행히 여우 아저씨가 그 책을 먹어 버리기 전에 복사를 해 놓았다. 이후 모든 일은 마법처럼 일어났다. 빛나리 씨는 교도관을 그만두고 출판사를 차리게 되었고, 여우 아저씨의 책은 베스트셀러가 되어 다양한 언어로 번역되었다. 여우 아저씨는 문학에서 이룩한 업적을 인정받아 감옥에서도 일찍 나오게 되었다. 세계에서 가장 유명한 작가가 된 것이다.

시크릿한 책 속 비밀

주변에 책을 정말 좋아하는 아이들이 있지요. 학습만화에 빠진 아이들도 있지만 긴 글밥의 책도 무리 없이 읽는 아이들도 있습니다. 이 아이들은 쉬는 시간에도 친구와 노는 것보다 책을 보는 경우가 많고, 부모님께 "책 좀 그만 보고 자자"라는 말을 들을 때도 있지요. 이 아이들은 어떻게 독서의 즐거움에 빠져들게 된 걸까요?

독서를 하고 얻는 내적인 만족감이 무척 크기 때문입니다. 책을 통한 깨달음, 책 속 이야기로 그려 보는 상상의 세계 등이 마음을 자극하고 재미를 얻게 해 주는 것이지요. 그러나 처음부터 책을 좋아하는 아이는 없습니다.

아이가 태어나면서부터 부모님께서 꾸준히 책을 읽어 주고, 무릎독서와 잠자리 독서를 병행하면서 책을 자연스럽게 접했기 때문이죠. 부모님의 노력 없이는 아이가 책을 경험하기 어렵습니다. 따라서 처음에는 부모님께서 책을 읽어 주고, 아이가 보는 곳곳에 책을 진열하여 언제 어디서든 독서를 할 수 있는 분위기를 만들어 주세요. 그렇지 않으면 스마트폰만 가지고 노는 어린이가 될지도 모르니까요.

A 책 속의 내용을 나의 지식으로 만들 수 있어요.

아이들은 책 내용을 어떻게 자기 것으로 만들 수 있을까요? 아이들에게 곰곰이 곱씹어 볼 수 있는 기회를 주어야 합니다. '곱씹는다'는 의미를 국어사전에서 찾아보면, '거듭하여 씹다' 외에 '말이나 생각 따위를 곰곰이 되풀이하다'라는 뜻이 있습니다. 한 권의 책을 여러 번 읽으며 의미를 곱씹어 보거나 부모님, 친구들과 독서 대화를 진행하거나 자신만의 노트에 비주얼씽킹 또는 인상 깊은 구절을 적어 보는 것이지요. 우리 아이들이 여우 아저씨처럼 자신만의 책 먹는 방법을 찾을 수 있게 되면 좋겠습니다.

• 아무 책이나 먹지 않는 여우 아저씨가 맛있게 먹을 수 있는 추천 도서를
  편지로 써 보세요.

여우 아저씨께

안녕하세요, 여우 아저씨. 아저씨께서 맛있는 책을 좋아하셔서

서 (   ) 책을 추천합니다.

왜냐하면,

＿＿＿＿＿＿＿＿＿＿＿＿＿＿＿＿＿＿＿＿＿＿＿＿＿＿＿＿＿

＿＿＿＿＿＿＿＿＿＿＿＿＿＿＿＿＿＿＿＿＿＿＿＿＿＿＿＿＿

올림

• 많은 학부모님이 궁금해하시는 독서법 관련 궁금증입니다.

아이가 좋아하는 분야만 읽으려고 하는데
그냥 둬야 할까요?

초등 시기의 아이들에게 있어 가장 큰 목표 중 하나가
'책을 좋아하게 만드는 것'입니다.
아이가 자신이 좋아하는 책이나 분야가 있다면 긍정적인 현상입니다.
독서의 첫 시작은 좋아하는 책을 만드는 것이기 때문이죠.
자신이 좋아하는 책을 닳는 순간까지 읽는 아이들은
책을 자신의 것으로 소화시키고 있는 것입니다.
이것이 시작점이 되어 분야를 넓혀 간다면 너무나 좋은 상황이라고 보입니다.
한 분야에서 천재성을 보이는 사람들끼리 모였는데도 서로 대화가 되는 것은
자신이 좋아하는 분야가 확장될 수 있다는 사실을 보여 줍니다.
다양한 책을 골고루 읽혀 주어야 될 것 같아서 강제하는 순간,
아이가 책을 싫어하는 지름길이 될 수 있으니 유의해 주세요.

한 권을 깊이 있게 읽는 게 좋을까요,
다독이 좋을까요?

의무적으로 다독을 강요하는 것보다
몇 권이라도 재미나게 읽으면서
생각할 지점을 찾고
그 내용을 부모님 또는 친구들과 대화해 보는
독후활동을 하는 것이
훨씬 더 도움이 될 수 있습니다.

학습만화만 좋아하고,
그림이 없는 책은 보지 않으려고 하는데
어떻게 해야 할까요?

도서관에서 책을 읽으라고 하면 많은 아이가
"학습만화는 보면 안 돼요?"라고 질문합니다. 너무나도 일상이 되어 버렸죠.
저의 경우 학습만화만 읽는 것은 권장하지 않습니다.
자신의 즐거움을 위한 활동이기 때문이지요.
하지만 어린아이를 앉혀 놓고 역사 문제집을 풀게 하거나
한자자격증 공부를 하도록 하는 것보다는
학습만화로 지식을 쌓는 것이 더 낫다고 생각합니다.
왜냐하면 '재미'를 통해서 '학습'할 수 있는 기회를 얻기 때문이지요.
다만 학습만화만 계속 본다면 아이의 독서 실력은 점점 더
떨어질 수밖에 없습니다. 그래서 학습만화는 노는 시간에 보도록 하고,
저학년부터 하루 3권 읽기를 실천하고 있습니다.
또는 '학습만화 한 권을 보려면 글밥이 있는 책 한 권을 읽어야 한다'와 같은
규칙을 정해 놓는 것도 좋은 방법입니다.
아이가 힘들어하면 부모님이 옆에서 책을 읽어 주시면서
무릎독서부터 시작하는 것을 추천합니다.
보기 싫어한다고 글밥이 있는 책 읽기를 하지 않으면
아이들의 독서 실력은 성장할 수 없습니다.

알사탕 ★아스트리드 린드그렌상

글, 그림 백희나   출판사 책읽는곰

책 속으로

늘 친구들이 먼저 말을 걸어 주기를 바라는 동동이는 오늘도 여느 날처럼 혼자서 구슬치기를 한다. 애써 태연한 척 혼자 버텨 보지만 역시나 자기들끼리만 노는 아이들을 보니 속상해진다.

머쓱해진 동동이는 문방구에 들러 사탕 한 봉지를 샀는데, 이 알사탕이 희한하다. 하나 먹으면 낡은 소파 소리가 들리고, 하나를 더 먹으면 늙은 개 구슬이의 말이 들린다. 또 다른 걸 먹으니 이번에는 아빠의 속마음이 들린다. 그리고 너무나 그립지만 만날 수 없는 할머니의 안부도 들린다. 그렇게 알사탕으로 알지 못했던 사람들의 속마음을 알게 된 후 동동이는 용기를 낸다. 친구의 '안녕'이라는 소리에 같이 놀자고 말을 건넨 것이다. 이제부터 동동이에게는 마법 같은 순간이 펼쳐질 것이다.

시크릿한 책 속 비밀

교실에서 아이들을 보면 성향별로 무리 지어집니다. 움직임이 큰 놀이를 좋아하는 아이들, 작은 동작으로 놀 수 있는 게임류를 좋아하는 아이들, 대화하며 노는 아이들 등으로 나뉘지요. 그리고 그 어디에도 속하지 못한 채 분위기를 살피며 눈동자만 굴리는 아이들도 있습니다. 때때로 전혀 아랑곳하지 않고 읽고 싶은 책을 읽거나 그림을 그리며 혼자만의 시간을 즐기는 경우도 있지만, 대부분의 아이들은 무리 속에 들어가고 싶어 합니다.

혼자 노는 것도 나쁘지 않다며 스스로 위안하던 동동이는 사실 친구들과 같이 놀고 싶은 마음이 더 큰 상황이었습니다. 그런 아이를 어떻게 지도해야 할까요? 아이들에게 어떤 관계 맺기를 알려 주어야 할까요?

친구를 사귀고 싶다면 먼저 말을 걸 수 있도록 스스로 다가가는 방법을 가르쳐 주어야 합니다. 제자리에 앉아 책만 보거나, 멀뚱멀뚱 쳐다만 보거나, 주변을 계속 서성이기만 하면 아이들과 친해질 기회조차 차단된다는 것을 알려줄 필요가 있습니다.

따라서 함께 놀고 싶다면 먼저 "안녕!" 하고 인사하고, "우리 같이 놀래?"라고 제안할 수 있게 연습을 하면 좋겠습니다. 엄마가 먼저 연습의 대상이 되어 주세요.

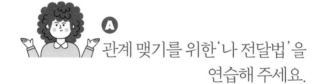

관계 맺기를 위한 '나 전달법'을 연습해 주세요.

관계 맺기를 잘하는 친구들을 보면 보통 소통이 잘 되는 경우가 많습니다. 외롭지 않은 소통의 지름길이 바로 '나 전달법'입니다. 친구의 행동을 비난하기보다 그 친구의 행동이 나에게 미친 영향과 지금 감정을 이야기하는 것이지요.

"너 때문에 넘어졌잖아. 너 그렇게 교실에서 뛰어다니지 마!"라고 하는 것이 아니라 "네가 밀어서 넘어지다가 바닥에 부딪혔어.(사실) 나는 지금 눈물이 날 정도로 아프고 속상해.(감정) 다음부터는 교실에서 뛰지 않았으면 좋겠어!(부탁)"라고 말하는 것이지요. 이렇게 말하면 상대방은 화를 내지 않고 자신의 행동에 대해 "미안해"라고 말할 수 있게 됩니다. 슬프고 화가 나는 마음을 이야기하는 것도 소통의 한 방법이니 가정에서 아이와 함께 '나 전달법'을 연습해 보세요.

부모와 아이의 인사이트 확장을 위한 TIP

• 『알사탕』의 주인공이 되어 볼까요? 알사탕을 먹으면 어떤 말이 들릴 것 같은지 적어 보세요.

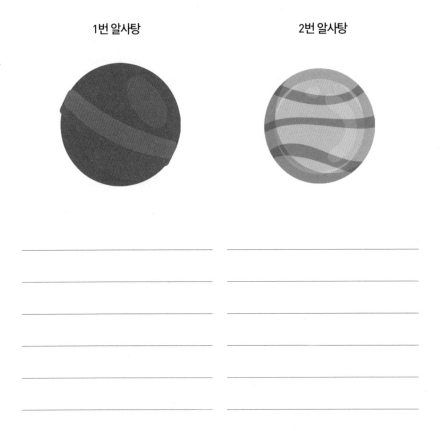

1번 알사탕	2번 알사탕

내가 갖고 싶은 '알사탕'

엄마, 아빠와 함께 사탕을 색칠하고

그 사탕을 먹으면 어떤 말이 들릴 것 같은지 이야기해 보자.

또 마음속 이야기를 듣고 싶은 물건이나 친구의 알사탕도 만들어 보고,

'그들은 나에게 어떤 이야기를 하고 싶을까' 상상해 보자.

돼지책 ★2000 한스 크리스티안 안데르센 상

글, 그림 앤서니 브라운   출판사 웅진주니어

엄마의 희생은 당연한 걸까요?

책 속으로

> 피곳 씨와 아이들이 집을 나서면 피곳 부인은 설거지를 하고, 침대를 정리하고, 바닥을 청소하고 나서 일을 하러 간다. 그렇게 일을 마치고 돌아오면 빨리 밥을 달라는 아이들과 남편 성화에 정신없이 식사를 준비한다. 어느 날 피곳 부인은 '너희들은 돼지'라는 쪽지를 남긴 채 사라져 버린다. 이후 모든 것들은 엉망이 된다.
>
> 어떻게 해야 할지 몰라 우왕좌왕하던 피곳 씨와 아이들은 오랜 시간 끝에 저녁밥과 아침밥을 짓는다. 그러나 집은 점점 돼지우리처럼 끔찍해진다.
>
> 돼지처럼 지내던 세 남자에게 어느 날 피곳 부인이 돌아오고, 피곳 씨와 아이들은 잘못을 뉘우친다. 그 이후로 집안일을 함께하며 가족들은 즐거움을 찾기 시작한다.

시크릿한 책 속 비밀

> 아이들과 가정에서의 역할 분담에 대한 이야기를 하다 보면 A부터 Z까지 엄마가 모든 일을 하는 집이 간혹 있습니다. 대부분은 "아빠가 청소기를 돌려요, 설거지를 해요"라고 말하는데 말이지요.
>
> 『돼지책』의 표지를 보면, 엄마에게 업힌 아빠와 아이들이 웃고 있어서 자칫 행복한 동화책으로 인식하기 쉽습니다. 그러나 조금만 자세히 보면 그들을 업고 있는 엄마의 어두운 표정이 보이지요.
>
> 집안일을 하는 엄마가 얼마나 힘든지 알고 고마워하는 아이들이 있습니다. 그러나 어떤 아이들은 집에서 하는 게 뭐가 있냐며 엄마의 마음을 후벼 파기

도 하지요.

　문손잡이, 사진, 단추, 벽지 등 돼지를 모티브로 한 그림이 보는 재미를 주지만, 아빠와 아이들이 "제발 돌아와 주세요!"라는 잘못을 빌기까지 얼마나 끔찍한 상황이었을지 짐작할 수 있습니다.

　아빠는 회사에 다니고 엄마는 집안일을 하는 게 당연하던 시대는 지났습니다. 이제는 가족 구성원이 집안일을 분담해야 된다는 인식이 있죠. 아이들에게 집안일이 단순히 엄마만의 몫이 아니라는 것을 알려 주세요.

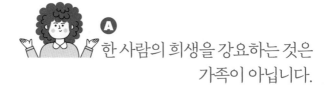

한 사람의 희생을 강요하는 것은 가족이 아닙니다.

학부모 상담 주간에는 이런 부분으로 힘들어서 울음을 터뜨리는 어머님도 계십니다. 결국 가정에서 엄마의 희생을 당연하게 받아들이지 않도록 해야 합니다. 가정에서 엄마도 자신을 위한 투자를 할 수 있는 분위기를 만들어 주세요. 집에서 일하는 엄마의 역할이 얼마나 큰지 느끼게 해 주셨으면 좋겠습니다. 그렇지 않으면 시간이 지나면 지날수록 그 희생이 너무나 당연한 게 될 테니까요. 한 사람의 희생을 강요하는 것은 올바른 가족의 모습이 아니라는 것을 잊지 말아 주세요.

부모와 아이의 인사이트 확장을 위한 TIP

• 아이들에게 집안일을 가르쳐 줄 때 이렇게 한번 해 보세요.

자세하고 체계적으로 가르쳐 주세요.

수건을 개는 방법, 양말을 짝 맞춰 서랍에 넣는 방법, 신발을 정리하는 방법을 조금 더 자세하게 가르쳐 주어야 합니다. 예를 들면, "수건을 접어봐"라고만 하면 아이들은 잘 알지 못합니다. "우선 수건을 팽팽하게 다 펴서 반으로 접고, 다시 반으로 접은 뒤 한쪽 방향으로 맞추어서 수건 넣는 장에 차곡차곡 넣으면 돼"라고 이야기해 주는 것이 좋은 방법이지요. 그 모습을 사진이나 동영상으로 찍어서 아이에게 보여 주어도 좋습니다. 그래야 아이가 엄마를 돕고 나서 뿌듯함을 느낄 수 있습니다.

홈 아르바이트로 집안일을 돕도록 이끌어 주세요.

아이들이 공부만 하면 좋겠다는 마음을 잠시 내려놓고 스스로 자립할 수 있도록 이끌어 주시면 좋겠습니다. 결혼할 때까지 부모님이 다 해 주시다가 막상 아무것도 할 줄 모르는 어른이 되면 안 되잖아요. 아이와 협의하에 가정의 일을 도우면서 노력용돈(설거지, 분리수거, 빨래개기 등)을 제공하여 조금씩 부모님의 봉사를 알도록 이끌어 주세요. '용돈'이라는 당근이 집안일은 함께하는 것으로 인식하도록 해 줄 것입니다. 실제로 집안일을 잘 도와주는 친구들이 학교생활도 잘하거든요.

아이의 성장에 가족애가 얼마나 중요한지 잊지 말아 주세요.

아이에게 있어 나 다음으로 확대되는 영역은 가족입니다. 사회생활 전에 가장 중요한 관계 형성 단계이지요. 가족 구성원별로 역할이 다름을 인식하고, 서로 돕는 경험을 하는 것은 훗날 인간관계의 초석이 됩니다. 학교에서도 가족애가 끈끈한 친구들은 그다음 관계 형성에 어려움이 적지만, 그렇지 못한 친구들은 친구만으로 관계 욕구를 충족하려고 해서 관계가 금새 깨지는 경우가 많습니다. 아무리 친한 친구라도 가족이 해 줄 수 있는 범위까지는 할 수 없기 때문이지요. 가족 관계가 튼튼하고 끈끈하게 형성되어야 친구 관계도 잘 형성된다는 것을 기억해 주세요.

• 가족간의 갈등을 해결하는 태도는 무척 중요합니다. 피곳 씨 가족들의 행동은 올바른 행동이었는지 자신의 생각을 말해 볼까요?

1. 피곳 씨와 그의 아들(사이먼, 패트릭)은

   (올바른 행동/잘못된 행동)을 했다고 생각한다.

   왜냐하면

   _____

   _____

   _____

   _____

2. 그렇다고 해도 피곳 부인이 집을 나간 것은

   (올바른 행동/잘못된 행동)이라고 생각한다.

   왜냐하면

   _____

   _____

   _____

   _____

3. 행복한 가족을 위해 내가 실천할 수 있는 일은
   무엇이 있는지 적어 봅시다.

솔이의 추석 이야기

글, 그림 이억배 출판사 길벗어린이 연계 교과 국어 1-2

 **Q** 아이들에게 할머니는 어떤 존재일까요?

책 속으로

두 밤만 지나면 추석이다. 모두 시골로 가려고 나온 터라 차는 도무지 움직이지 않는다. 오랜 시간이 걸려 시골에 도착하자, 솔이는 '할머니'를 외치고 할머니는 버선발로 솔이를 마중 나오신다.

솔이네 가족은 추석 날 아침 일찍 일어나 햅쌀로 만든 음식과 햇과일을 준비해 차례를 지낸다. 꼬불꼬불 산길을 따라 온 가족이 성묘를 가기도 한다. 그렇게 추석을 보내고 집으로 돌아가야 하는 날이 되었다. 할머니께서는 과일과 햇곡식을 한 보따리 싸 주신다. 그 안에는 고소한 참기름과 울퉁불퉁한 호박도 한 아름 싸여 있다.

솔이는 '할머니 안녕!'을 계속해서 외친다. 아쉬움을 뒤로한 채 집으로 돌아오는 길, 버스를 타고 한밤중이 되어서야 집에 도착했다. 아빠 등에 업힌 솔이는 어떤 꿈을 꾸고 있을까? 혹시 할머니 꿈을 꾸고 있는 건 아닐까?

시크릿한 책 속 비밀

할아버지, 할머니를 찾아뵙고 차례와 성묘를 지내는 시골 추석 풍경이 잘 담긴 그림책입니다. 솔이와 할머니의 모습을 보면 마음이 따뜻해지지요.

요즘은 시골에서 도시로 떠나온 가정이 많기에 고향을 떠올리면 쓸쓸함이 느껴지는 경우가 있습니다. 저 역시 시골에 계시던 아버님이 도시의 요양원으로 오시면서 갑작스럽게 고향이 없어졌습니다. 그 바람에 때때로 그곳이 그리워지곤 하지요. 할아버지와 사과를 따고 개구리를 잡고 놀던 그 순간이 눈에 선합니다. 솔이의 추억 이야기는 앞으로 점점 더 잊혀져 갈 우리의 시골 모습이 그대로 담겨 있습니다. 그래서 고향이 있는 분들에게는 그리움을, 그렇지 않은 분들에게는 우리의 옛 정서를 보여 주는 귀한 책입니다.

　최근에는 화장하는 문화가 늘면서 대부분 아이들이 성묘를 경험하지 못하는 경우도 많습니다. 그래서 옛 전통 문화에 대해 아이들에게 안내를 해 줘야 합니다. 아울러 추석을 국경일로 아는 친구들에게 추석은 우리 고유의 명절임을 알려 줄 필요가 있습니다.

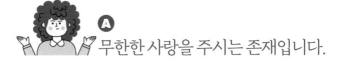

무한한 사랑을 주시는 존재입니다.

할머니, 할아버지는 자식을 키울 때 느껴 보지 못한 온전한 사랑을 손주, 손녀에게서 느낀다고 합니다. 한참 먹고사느라 정신없어서 자식이 예쁜 줄도 몰랐는데, 손자, 손녀를 보며 새삼 그 사랑을 느끼는 것이지요. 아이들은 그 마음을 온전하게 느낍니다.

저는 아이들에게 의무적으로 날짜를 정해 주고 '할머니, 할아버지께 전화드리는 날'을 진행했습니다. 그렇지 않으면 설날, 추석, 생신 등 할아버지, 할머니를 뵙는 날 어색한 마음에 빨리 집에 가고 싶어질 테니까요. 유한하지 않은 시간 안에서 아이들이 최대한 사랑을 표현할 수 있도록 해 주세요.

부모와 아이의 인사이트 확장을 위한 TIP

- 우리나라에는 5대 국경일과 4대 명절이 있습니다. 가정에서 지도해 주시면 상식이 있는 아이로 자라날 거예요.

  - 국경일이란?
    '삼일절, 제헌절, 광복절, 개천절, 한글날'이 5대 국경일입니다. 이날은 가정에서 태극기를 달도록 가정통신문이 나가고 있습니다. (5개 국경일 외에 6월 6일 현충일은 조의를 표하는 날이어서 일반 태극기 게양법에서 한 폭만큼 내려 '조기'를 달도록 지도하지요.) 명절에도 태극기를 다는 줄 아는 아이들이 많으니 구별해서 지도해 주세요.

  - 5대 국경일

삼일절(3월 1일)	일본의 식민통치에 항거하고 독립선언서를 발표하여 한국의 독립 의사를 세계 만방에 알린 것을 기념하는 날이다.
제헌절(7월 17일)	대한민국 헌법 공포를 기념하는 날이다.
광복절(8월 15일)	우리나라가 일본으로부터 해방된 것을 기념하고 임시정부 법통을 계승한 대한민국 정부 수립을 축하하는 날이다.
개천절(10월 3일)	단군이 최초의 민족국가인 단군조선을 건국했음을 기리는 뜻으로 제정된 날이다.
한글날(10월 9일)	훈민정음을 창제해서 세상에 펴낸 것을 기념하고 한글의 우수성을 기리기 위한 날이다.

- 4대 명절

설(음력 1월 1일) 우리 민족 최대의 명절. 한 해를 시작하는 새해, 새 달의 첫날로, 전통음식인 떡국을 먹고 절을 하고 새해 인사를 올린다.

한식(음력 3월) 동지로부터 105일째 되는 날(양력으로는 4월 5일 무렵). 일정 기간 불 사용을 금하며 찬 음식을 먹는 고대 중국의 풍습에서 비롯되었다. 떡, 탕, 국수, 과일, 포, 술 등의 음식으로 산소에서 제사를 지낸다.

단오(음력 5월 5일) 더운 여름을 맞기 전 초여름의 계절로 모내기를 끝내고 풍년을 기원한다. 수리취떡, 앵두화채를 먹고 씨름, 그네뛰기, 창포물에 머리 감기를 한다.

추석(음력 8월 15일) 가을의 풍요로움에 대한 감사한 마음을 조상에게 표현하는 명절이다. 송편, 햇과일을 먹고 달맞이, 농악, 강강술래를 한다.

출처: 한국민속대백과사전

나는 나의 주인 ★국립어린이청소년도서관 사서 추천 도서

글, 그림 채인선, 안은진 출판사 토토북 연계 교과 통합 2

아이에게 잔소리를
하지 않을 수 있을까요?

책 속으로

> 우리는 모두 세상에 단 하나뿐인 '나'의 주인이다. 나의 주인이 되려면 마음과 몸을 잘 돌봐 주어야 한다. 내가 나의 몸과 마음의 주인이 되려면 무엇보다 나 자신을 소중하게 보살펴야 한다. 슬프거나 화가 날 땐 그 마음을 잘 다독여 풀어 주어야 한다. 내 감정을 숨기지 않고 솔직히 표현하면서 다른 사람의 마음을 배려하고 존중해야 한다. 주인으로서 어떤 사람이 되고 싶은지 생각하고, 지금 무엇을 할지 생각해야 한다. 잠을 잘지, 책을 읽을지, 양치질을 할지, 옷을 개켜 둘지, 책가방을 미리 싸 둘지 하는 그 모든 것을 스스로 해야 한다. 나는 나의 주인이기 때문이다.

시크릿한 책 속 비밀

> 교실에서는 자신의 일을 스스로 하는 친구와 그렇지 못한 친구가 확연히 구분됩니다. 아침에 등교를 하면 선생님과 친구들에게 인사를 하고 그날 수업 준비를 한 뒤 조용히 자리에 앉아 책을 읽는 아이들이 있지요. 그런가 하면 급히 와서 어슬렁어슬렁 놀거나 아무것도 하지 않은 채 아침 시간을 날리는 아이도 있습니다. 그러고는 수업을 시작할 때가 되면 "화장실 다녀와도 돼요?"라는 말을 하지요. 이런 친구들은 스스로 하기보다 시켜야만 움직입니다.
>
> 내가 어떤 사람이 되고 싶은지 생각하고, 지금 내가 무엇을 해야 할지 계획하는 것은 학생으로서 가장 중요하게 갖추어야 할 자세입니다. 이 책을 읽는

친구들도 부모님이나 선생님이 시켜야만 움직이는 것이 아니라 스스로 계획을 세우고 행동하는 아이가 되면 좋겠습니다.

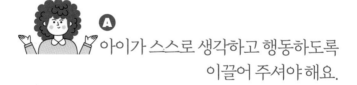

A

아이가 스스로 생각하고 행동하도록
이끌어 주셔야 해요.

아이에게 스스로 하지 않는다고 잔소리를 하면 아이가 주인이 될 수 없습니다. 답답한 마음을 한 번만 누르고 "지금 뭐 해야 되는 시간이지? 지금 어떤 걸 가장 먼저 해야 할까? 네가 할 수 있는 만큼이 어디까지인지 표시해 볼래?" 등과 같이 스스로 생각하고 결정할 수 있는 질문을 자주 해 주세요. 처음에는 힘들어하더라도 조금씩 스스로 할 수 있도록 아이를 이끌어 주셔야 합니다.

부모와 아이의 인사이트 확장을 위한 TIP

- '헬리콥터 맘'이라는 말 들어 보셨나요? 자녀의 일이라면 발 벗고 나서는 엄마를 일컫는 말인데요. 스스로 선택하고 결정하는 기회를 주어야 아이는 자기주도적으로 성장할 수 있습니다. 아이의 자율성을 길러 주는 부모의 대화법을 알아볼까요?

헬리콥터 맘 사례

아이의 수행평가나 친구 관계까지 정리해 주는 부모가 있는데, 이렇게 자란 아이들은 보통 커서도 엄마를 찾게 되지요. 최근에는 군대에 입대한 아들의 자대 배치부터 회사에 취직한 딸의 부서 조정까지 개입하는 부모가 있다는 이야기도 들립니다.

자녀는 독립된 존재입니다. 자율성을 기를 때까지 적당한 부모의 역할이 필요하지만, 초등 시기부터는 조금씩 아이가 스스로 할 수 있도록 이끌어 주세요. 부모의 불안한 마음은 결국 아이에게 전달된답니다. 그러니 혼자 해 볼 수 있도록 믿고 기다려 주세요.

자기주도적인 아이로 자라도록 돕는 대화법 예시

1. 갑자기 쌀쌀해졌는데 어떤 옷을 입어야 될까?
2. 중앙공원으로 가려면 어느 쪽으로 가야 될까?
3. 내일 학교 수업에 필요한 준비물이나 숙제가 있을까?
4. 학교 다녀오면 무엇부터 해야 할까?
5. 자기 전에 잊지 말아야 할 것은 무엇일까?

• 자율성을 길러 주는 시를 써 볼까요? 제목은 '나는 나의 주인'입니다.

||||||||||||||||||||||||||||||||||||||||||

나는 내가 무엇을 잘하는지 압니다.

나는 (   ) 잘하고, 나는 (   ) 잘하고

나는 (   ) 잘하고

가장 잘하는 것은 (   )입니다.

나는 내가 무엇을 잘 못하는지 압니다.

나는 (   ) 잘 못하고, 나는 (   ) 잘 못하고

나는 (   ) 잘 못하고

가장 잘 못하는 것은 (   )입니다.

나는 내가 무엇을 좋아하는지 압니다.

나는 (   ) 좋아하고, 나는 (   ) 좋아합니다.

가장 좋아하는 것은 (   )입니다.

나는 내가 무엇을 싫어하는지 압니다.

나는 (　　　) 싫어하고, 나는 (　　　) 싫어합니다.

가장 싫어하는 것은 (　　　　　　　) 입니다.

주인으로서 나는

내가 어떤 사람이 되고 싶은지 생각합니다.

(　　　) 사람, (　　　) 사람,

(　　　) 사람, (　　　) 사람.

주인으로서 나는

내가 무엇을 할지 생각합니다.

그리고 그것을 합니다.

나는 나의 주인이니까요.

나쁜 어린이 표 ★온책읽기 추천 도서

글, 그림 황선미, 이형진   출판사 이마주   연계 교과 국어 3, 4

과연 누가 나쁜 어린이일까?

책 속으로

선생님이 냉정한 얼굴로 집게손가락을 세운다. 그건 '나쁜 어린이 표'라는 뜻이다. 그걸 3장 받으면 수업이 끝나도 5시까지 집에 갈 수 없다. 선생님은 매를 들지 않겠다고 하지만 나쁜 어린이 표는 주신다. 물론 '착한 어린이 표'도 있다. 건우는 하필 나쁜 어린이 표를 받은 첫 번째 학생이 되고 말았다. 시간이 흐르며 나쁜 어린이 표를 받은 아이들이 종종 생겨났다. 준비물을 못 챙겨 왔을 때, 공부 시간에 떠들었을 때, 싸웠을 때, 숙제를 안 해 왔을 때. 친구들은 나쁜 어린이 표를 받지 않으려고 조용조용히 행동했다. 그런데 선생님이 건우에게 나쁜 어린이 표를 자주 주시기 시작했다. 한 장의 나쁜 어린이표를 주시고, 다음부터 늦지 마라며 또 한 장을 주시고, 거짓말을 한다고 한 장을 더 주시는 상황을 보며 건우는 친구들이 자신을 어떻게 생각할지 궁금하다. 아무리 잘해 보려 애써도 이미 나쁜 어린이 표를 받은 건우는 나쁜 어린이를 벗어나기 힘들다.

건우도 선생님께 '나쁜 선생님 표'를 주기로 했다. 선생님이 공정하지 못할 때, 일관적이지 않을 때, 사실을 정확하게 파악하지 못할 때 선생님께 준다. 선생님은 건우의 수첩에서 나쁜 선생님 표를 보고 나서야 그동안의 자신의 일을 되돌아 보고 건우를 용서한다. 그렇게 건우네 반에는 나쁜 어린이 표가 사라지게 되었다.

시크릿한 책 속 비밀

낙인효과란, 과거의 좋지 않는 경력이 현재의 평가에까지 미치는 부정적인 영향을 말합니다. 새 학기에 '우리 아이가 선생님 눈 밖에 나면 어떻게 하지?' 하는 걱정이 많이 드는 것도 사실입니다. 아울러 선생님께서 그다음 선생님께 우리 아이에 대해 나쁜 말을 전할까 걱정하시기도 하는데요. 부모님과 아이의 조마조마한 감정이 책에 그대로 담겨 있어 추천했습니다.

실제로 저의 제자 중에는 4학년까지 문제아로 낙인된 아이가 있었습니다. 그러나 새 학기 첫날 "선생님은 지금까지의 너희들은 모른단다. 그러니 지금이라도 잘 지내고 싶다면 선생님이 판단하는 지금 이 순간부터 잘 행동하렴. 난 지금 모습으로만 평가할 거야"라는 말에 자신감을 얻고 달라진 친구가 있었습니다. 그 친구가 바르게 자라나는 과정을 지켜보며 아이들을 섣불리 판단한다는 것이 얼마나 위험한지 다시금 깨달았습니다.

Ⓐ 처음부터 나쁜 아이는 없습니다.

'나쁘다'는 기준은 주관적이라 나쁜 어린이가 어떤 아이인지 규정하기는 어렵습니다. 물론 사회통념을 깨고 친구들을 아프게 하는 학교폭력 가해 아동의 경우는 더 나빠지기 전에 선도가 필요합니다. 하지만 학급 내에서 "저 아이는 나빠"라고 말할 수 있는 아이는 지금껏 못 봤습니다. 규칙을 지키지 않아서 나쁘다? 저는 그렇게 생각하지 않습니다. 이제는 '학급규칙'과 '학교규칙'을 아이들과 함께 만들어 가며 서로 지키도록 독려합니다. 예전에는 머리카락을 염색하거나 치마가 짧으면 벌점을 주었는데, 이제는 그러한 규칙을 아이들과 함께 민주적인 절차에 따라 만들어 가고 있습니다.

부모와 아이의 인사이트 확장을 위한 TIP

• 선생님이 나만 미워한다는 느낌을 받았을 때는 어떻게 해야 할까요? 혹시 친구들 중에서도 비슷한 일을 겪은 적은 없었나요? 오해와 갈등이 생겼을 때 어떻게 해결했었는지 다음 4가지 질문 중에서 나와 가장 비슷한 것에 표시해 봐요.

질문

1. 내 의견을 주장하는 것보다는 상대의 말을 따르는 편이다. → 순응하기
2. 갈등이 끝날 때까지 피하는 것이 낫다. → 회피하기
3. 내가 하고 싶은 이야기는 꼭 한다. → 직면하기
4. 모두 함께 고민할 때 가장 좋은 해답이 나온다. → 협력하기

갈등 해결 유형

유형	장점	단점
순응하기 다른 사람의 시선을 의식하고 의견을 따르는 유형	배려심이 많고 좋은 이미지를 갖는다.	스트레스를 혼자 많이 받을 수 있다.
회피하기 갈등이 끝날 때까지 피하는 유형	조심성이 있어서 다투는 경우가 적다.	자신의 의견을 잘 말하지 못하는 답답함이 있다.
직면하기 자신이 하고픈 말을 하고 상대의 잘못도 짚는 유형	문제를 확실하게 해결할 수 있다.	갈등이 더 심해질 수 있다.
협력하기 대화로 해결책을 찾는 유형	상대의 이야기를 듣고 배려하며 좋은 해결책을 찾을 수 있다.	시간과 노력이 소모된다.

출처: 도덕 5학년 지도서

- 나쁜 어린이 표를 매일 받는 건우의 마음은 어떨까요? 건우의 마음을 생각하며 얼굴 표정을 그리고, 건우가 하고 싶은 말을 말풍선에 적어 볼까요?

- 친구가 억울한 상황에 처했을 때 나는 어떻게 도울 수 있을까요? 아래의 방법 중에 가장 바람직하다고 생각하는 것에 자신의 생각을 적어 보세요.

1. 대신 싸우겠다. 왜냐하면

　　　　　　　　　　　때문이다.

2. 부모님과 선생님께 말씀 드리겠다. 왜냐하면

　　　　　　　　　　　때문이다.

3. 친구의 속상한 마음을 읽어 주겠다. 왜냐하면

　　　　　　　　　　　때문이다.

4. 나는

왜냐하면

　　　　　　　　　　　때문이다.

강아지똥

글, 그림 권정생, 정승각   출판사 길벗어린이   연계 교과 국어 3-1

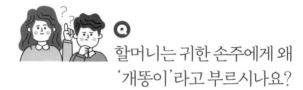

할머니는 귀한 손주에게 왜
'개똥이'라고 부르시나요?

책 속으로

돌이네 흰둥이가 눈 똥. 골목길 담 밑 구석에 강아지똥이 생겼다. 날아가던 참새가 보더니 더럽다고 말한다. 그 말을 듣고 강아지똥은 슬퍼졌다. 때마침 소달구지 바큇자국에서 떨어진 흙더미가 있어 화풀이를 한다. "똥 중에 가장 더러운 개똥"이라는 흙더미 말에 강아지똥은 울음이 터진다. 그 모습에 흙더미는 사실은 자신이 더 흉측하고 더러울지 모른다며 사과를 한다. 흙더미는 자신이 키우던 아기 고추를 끝까지 지켜 내지 못했다는 사실에 자책을 하고 있었고, 그래서 자신이 버려졌다고 믿었다. 그런데 소달구지가 다시 와서는 흙더미를 소중히 주워 담았다. 다시 혼자 남은 강아지똥은 스스로 더러운 똥이라고 말하며 아무짝에도 쓸모없는 본인을 원망한다. 그렇게 보슬보슬 봄비가내리는 날, 강아지 앞에는 파란 민들레 싹이 돋아나고 강아지똥이 거름만 되어 주면 별처럼 고운 꽃을 피울 수 있다고 이야기한다.

강아지똥이 민들레 싹을 힘껏 껴안아 버린다. 강아지똥은 온몸이 잘게 부서진 채 민들레 줄기를 타고 올라가 꽃봉우리를 맺고 예쁜 꽃을 피운다.

시크릿한 책 속 비밀

학교에서 아이들은 '더러움'에 어찌할 바를 모를 때가 있습니다. 화장실에서 용변을 볼 때나 급식을 정리할 때, 음식물 쓰레기를 볼 때 등이지요. 어떤 친구는 헛구역질을 하기도 하고, "더러워"라며 급식 정리를 하는 친구에게 상처 되는 말을 남기기도 합니다.

그런 아이들에게 이 책은 무척 도움이 됩니다. 실제로 아이들에게 "강아지 똥을 읽고 어떤 생각이 들었니?"라고 물으면 대부분 "필요 없는 것은 없다"라고 이야기합니다.

교실 속에 있다 보면 공부를 잘하는 아이, 운동을 잘하는 아이, 친구들에게 인기가 많은 아이가 눈에 띕니다. 아이들의 눈에도 그런 친구들이 보입니다. 문제는 그 친구들과 자신을 비교하며 자신을 '쓸모없는 사람, 필요 없는 사람' 이라고 느낀다는 데 있지요.

아이들이 자신을 낮게 평가하지 않도록 자존감을 키워 줄 필요가 있습니다. 1996년 출간된 이후 지금까지 이 책이 큰 사랑을 받는 것은 모든 생명을 귀하게 여겨야 한다는 귀한 가치를 담고 있기 때문은 아닐까요?

Ⓐ 너무 소중해서 그렇게 부르게 되었답니다.

귀한 손주, 손녀를 '개똥이'라고 부르다니, 왜 그럴까요? 예부터 천한 이름을 지어 주면 수명이 길고 병에 잘 걸리지 않는다고 하여 무병장수를 바라는 마음에서 그렇게 불렀다고 합니다. 손주, 손녀가 너무나도 소중해서 오히려 역설적으로 표현하는 것이지요.

부모와 아이의 인사이트 확장을 위한 TIP

• 자존감 있는 아이로 키우려면 부모님들은 어떻게 해야 할까요? 아이를 있는 그대로 인정해 주고, 아이 스스로 세상에서 유일한 존재라는 걸 느끼게 해 주려면 우선 자존감과 자존심을 구분해야 합니다.

자존감 vs. 자존심

'자존감'은 자신이 사랑받을 만한 가치가 있는 소중한 존재이고 성과를 이루어 낼 만한 유능한 사람이라고 믿는 마음을 말합니다. 자존감이 높은 아이들은 스스로 긍정적으로 평가하기 때문에 자신의 정체성을 확립하는 데 도움이 되지요.

반면 '자존심'은 자존감과 마찬가지로 스스로 긍정적으로 평가하지만 그 기초는 자신 또는 소속 집단으로부터의 승인에 있다는 데 차이가 있습니다. 더 쉽게 설명하면, 자존심이 강한 사람은 자신의 좋은 모습만을 인정하지만 자존감이 높은 사람은 자신의 있는 그대로의 모습을 인정하는 것이지요.

우리는 아이들을 어떻게 키워야 할까요?

자존심이 센 아이보다는 자존감이 높은 아이로 키워야 합니다. 자존감의 시작은 부모이고 교사이고 친구라는 것을 잊지 마세요. 부모님께서 어린 시절 아이의 자존감을 잘 형성시켜 주면 교사들은 그 뒤를 이어 줄 것입니다. 그렇게 자라난 아이는 친구들과 교류하면서 자신의 자존감을 더 높게 형성하게 될 거예요.

"세상에 필요 없는 것은 없다. 너는 수많은 빛나는 별들 속에서 엄마에게 온 귀하고 귀한 존재이다. 별은 더 빛나고 덜 빛나는 것 없이 '별' 그 자체로 소중하다"라고 아이에게 꼭 이야기해 주세요.

내가 강아지 똥이었다면 어떻게 쓰였을까요?
그림으로 그려 보세요.

동생들에게 『강아지똥』을 추천해 주려고 해요.
추천하는 이유를 써 보세요.

지각대장 존

글, 그림 존 버닝햄 출판사 비룡소

 **당한 대로 복수하는 아이, 괜찮을까요?**

책 속으로

존은 아침마다 뜻하지 않은 일로 매번 지각을 한다. 선생님께 꾸지람을 듣는 것은 물론 반성문도 쓰고, 갇혀 있기도 하고, 벌을 서기도 한다. 권위적인 선생님 앞에서 자꾸만 작아지는 존.

학교 가는 길에 만난 악어와 사자, 파도는 사흘이나 존을 지각하게 만든다. 하지만 선생님은 존의 말을 믿어 주지 않는다. 말도 안 되는 소리를 계속한다며 벌을 주시거나, 꼼짝 말고 반성문을 쓰게 한다. 존은 교실에 갇혀 자신의 잘못에 대해 500번이나 쓰게 되었다.

어느 날 존은 드디어 지각하지 않고 학교에 갔다. 그런데 이번에는 선생님이 고릴라에게 붙들려 천장에 매달려 있었다. 선생님은 존에게 도와달라고 외친다. 존은 이 동네 천장에는 고릴라 같은 것은 살고 있지 않다며 선생님께 통쾌하게 복수한다. 다음 날 존이 학교에 가려고 일찌감치 길을 나서며 이야기는 마무리된다.

시크릿한 책 속 비밀

존은 아침마다 뜻하지 않은 일로 지각을 합니다. 그래서 반성문을 쓰고 서 있는 등의 벌을 받지요. 선생님은 존의 말을 도무지 믿어 주지 않아요. 선생님 앞에서 존은 자꾸만 작아집니다. 마지막에 선생님의 말을 존도 믿어 주지 않습니다. 선생님과 학생이 서로를 이해하려면 노력이 필요하다는 것을 보여 주지요.

아이는 자신의 이유를 말하지만 선생님은 이해되지 않는 과정이 반복되면 그저 권위적으로 지시를 내릴 수밖에 없습니다. 실제로 아침에 지각한 아이가 있어 이유를 물었더니 등굣길에 사마귀가 바닥에 떨어져 있어서 밟혀 죽을까 봐 힘들게 사마귀를 옮기고 온 거라고 했습니다. 심지어 멀리 있는 연과 바람개비를 보느라 늦는 아이도 있었죠. 저 역시 이해하기 힘든 부분이 있었지만 생각해 보니 어릴 때는 모든 것에 관심을 가지는 시기였다는 게 떠올랐습니다.

『지각대장 존』은 서로 대화를 통해 이해의 폭을 늘릴 수밖에 없다는 것을 풍자와 해학, 반전으로 보여 줍니다.

A 아이 마음속에 응어리진 게 무엇인지 미리 알아보아야 합니다.

가만히 있다가 뜬금없이 친구를 때리는 아이가 종종 있습니다. 예전에 그 아이가 자신을 때렸다는 이유 때문이지요. 당한 대로 갚아 주어야만 하는 아이, 괜찮을까요? 우리는 "그러면 안 돼!"라고 말하지만, 그 전에 아이의 마음속에 응어리진 게 무엇인지 먼저 살피고 풀어 주어야 합니다. 아이의 마음이 풀리지 않아서 꼭 갚겠다고 다짐하는 것입니다. 또한 "걔가 때리면 너도 똑같이 때려!" 하는 식으로 말한 적은 없는지도 한번 되짚어 보셔야 합니다. '복수'라는 감정이 아이에게 남지 않도록 미리미리 '마음 풀기'를 할 수 있게 도와주세요.

- "거짓말하는 거 다 알아! 사실대로 말하면 용서해 줄게" 이런 식으로 대
화를 시작하면 아이는 대부분 겁을 먼저 집어먹고 점점 대화를 거부하게
됩니다. '거짓말을 하는 내가 나쁜 아이구나' 또는 '앞으로는 혼나지 않게
아예 말을 하지 말아야지' 하고 말이지요. 지금부터 아이와 마음이 통하는
대화법을 배워 볼까요?

마음이 통하는 대화법을 시작해 보아요.

엄마, 아빠가 조금 답답하더라도 아이를 기다려 주어야 합니다. 아이의 감
정을 존중하고 내 아이가 어떻게 감정 표현을 하는지 알아차려야 하지요.
아무리 내 자식이라도 감정은 억지로 만들어 줄 수 없는 부분이기에 아이
와 나 사이에 경계를 지을 필요가 있습니다.

"울지 마. 그만 울어!"라고 말하는 것은 사실 아이의 마음을 강제하고 있
는 것이지요. 그럴 때는 "충분히 울고 말할 준비가 되면 이야기하자"
라고 하면서 기다려 주는 것이 더 좋습니다.

등교 전에는 가능한 한 아이의 감정이 다
치지 않도록 하는 것이 아이의 학교생활
에 도움이 됩니다. 하교 후에도 무슨 일이
있었는지 꼬치꼬치 캐묻기보다 아이가 스
스로 말하도록 하는 게 가장 좋습니다. 아
이는 부모가 자신의 말을 들어 준다는 느
낌이 들어야 대화를 시작합니다.

'책'을 매개로 아이와 대화를 나누어 보세요.

1. 책의 표지를 보니 선생님은 어떤 분일 것 같아?

_____

2. 만약 네가 선생님의 입장이었다면
   존의 말을 믿을 수 있겠어?

_____

3. 만약 네가 존이라면 자신의 말을 믿어 주지 않는
   선생님께 어떤 마음이 들 것 같아?

_____

4. 이 책에서 가장 인상 깊었던 장면은 어느 부분이었어?

_____

5. 다음 날 존에게는 어떤 일이 일어날까?

_____

마법사 똥맨

글, 그림 송언, 김유대   출판사 창비

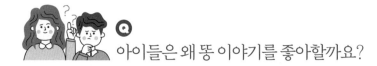

Q 아이들은 왜 똥 이야기를 좋아할까요?

책 속으로

고귀남은 이름과 다르게 문제 행동을 보이는 친구이다. 박동수는 화장실에서 똥을 누다가 친구들에게 놀림 받은 이후 '똥수'라는 별명을 얻고 절대로 학교 화장실을 이용하지 않는다. 그러나 짝꿍 고귀남은 당당하게 똥을 누고 오겠다며 화장실을 다녀온다. '똥맨'이라는 별명이 있는데도 크게 신경 쓰지 않고 오히려 당당하다.

지각쟁이에 문제 행동을 보이는 일명 문제아인데도 너무나 자신 있는 모습에 동수는 문득 궁금해진다. 도대체 저 자신감은 어디서 오는 것일까?

'똥맨'은 딱딱하고 지루한 학교라는 공간을 '웃을 수 있는 공간'으로 만들어 버리는 '마법사'이다. '학교에서 똥 누기'라는 놀림의 소재를 아무렇지 않은 일로 바꾸어 놓을 수 있기 때문이다. "세상에 똥 안 싸는 사람은 없다"라며 눈치 볼 것 없이 소리가 나거나 말거나 시원하게 싸라고 똥맨은 말한다.

시크릿한 책 속 비밀

"선생님 저 똥 마려워요, 똥 싸고 올게요"라고 큰 소리로 외치고 화장실을 가는 초등학교 고학년이 있습니다. 마법사 똥맨에서처럼 "세상에 똥 안 싸는 사람이 어디 있어?"라고 당당하게 생각하는 것이지요. 그러나 여전히 화장실 가는 것을 창피해하는 친구들이 꽤 많습니다.

수업 중에 보건실에 가겠다고 말하고 조용히 화장실에 다녀오려고 하거나, 다른 층에 가서 대변을 보는 아이도 있습니다. 다른 아이들에게 들킬까 봐 뒤 처리도 제대로 안 한 채 도망치듯 나오는 아이들도 꽤 많습니다. 결국 그 뒤에

화장실을 간 친구들은 소스라치게 놀라서 도망치듯 나오게 되지요.

초등학교 저학년 때는 대소변 실수를 할까 봐 선생님과 아이들만의 수신호를 정해 편안하게 화장실을 다녀오도록 하고 있습니다. 그러나 고학년이 되면 올바른 수업 태도를 갖추게 하기 위해 쉬는 시간에만 화장실을 다녀오도록 하고 있지요. 따라서 배가 너무 아프다면 수업에 방해되게 큰 소리로 말하기보다 선생님께 살짝 '저 배가 아파서 화장실 좀 다녀올게요.'라고 말하는 센스를 가르쳐 주세요.

A

'똥'이라는 단어만 들어도 꺄르르 웃어요.

프로이드가 제시하는 항문기에는 자신의 몸에서 나온 배설물을 보며 창조, 해방감, 기쁨을 느낀다고 해요. 여기에는 배변 후 느끼는 시원함도 포함되지요.

아이들에게 똥 이야기를 꺼내는 순간 바로 교실 분위기가 좋아집니다. 지저분한 이야기에 손사래를 치는 걸 보면 언제나 재미나지요. 특히 선생님이 '똥' 이야기를 꺼내면 선생님도 나와 같다는 생각에 아이들은 더 편안함을 느낍니다.

• 아이들에게 그들만의 권리를 보장해 주세요. '놀 권리', '쉴 권리' 그리고 '쌀 권리'를 말이죠.

권리라고 해서 거창한 이야기를 꺼낼 줄 아셨죠? 요즘 아이들은 안타깝게도 이런 기본적인 권리를 잘 보장받지 못하고 있어요.

아이가 태어났을 때는 잘 먹고, 잘 자고, 잘 싸기만을 바랐습니다. 그런데 우리 한 번만 다시 점검해 볼까요? 지금 아이들이 잘 먹고, 잘 자고, 잘 싸는지 혹시 확인하시나요? 학원 수업에 늦을까 봐 편의점 삼각김밥과 라면으로 끼니를 때우고, 숙제하느라 늦게 자서 평균 수면 시간조차 못 채우고 있지는 않나요? 아침밥도 제대로 못 먹은 채로 학교에 가서 배가 살살 아픈 기분을 느끼지만 아이들이 놀릴까 봐 화장실도 제대로 못 가고 있을 수 있습니다.

조금만 아이의 스케줄을 점검해 주세요. 이번 독서가 아이들의 권리를 보장해 주고 있는지 되돌아보는 시간이 되기를 바랍니다.

• 아이의 스케줄을 살피며 함께 계획표를 짜 볼까요? 우리 아이는 언제 편안하게 화장실을 이용할 수 있을지도 점검해 보세요.

시간	하는 일
오전	
오후	
저녁	

	월	화	수	목	금	토	일
7:00~8:00							
8:00~9:00							
9:00~10:00							
10:00~11:00							
11:00~12:00							
12:00~1:00							
1:00~2:00							
2:00~3:00							
3:00~4:00							
4:00~5:00							
5:00~6:00							
6:00~7:00							
7:00~8:00							
8:00~9:00							
9:00~10:00							
10:00~11:00							

팥죽 할멈과 호랑이 ★교과서 수록 도서

글, 그림 백희나, 박윤규   출판사 시공주니어   연계 교과 국어 2-2

Q 할머니는 '죽음'이 왜
그렇게 슬펐을까요?

책 속으로

> 팥죽을 맛있게 잘 끓이는 팥죽 할멈이 팥 밭에서 김을 매고 있는데 집채만한 호랑이가 나타났다. 호랑이는 할멈을 잡아먹겠다며 겁을 주었다. 할멈은 동지 팥죽을 실컷 먹고 살을 찌운 뒤 자신을 잡아 먹는 게 어떻겠냐며 다음으로 미룬다. 약속한 날이 되자, 할멈은 곧 죽는다는 사실에 슬퍼 꺼이꺼이 운다. 그 소리를 듣고는 알밤, 자라, 물찌똥, 송곳, 돌절구, 멍석, 지게가 맛있는 팥죽을 얻어 먹고는 할멈을 못 잡아먹게 하겠다고 큰 소리를 친다.
>
> 호랑이가 나타나 할멈을 잡아먹으려 하는 순간, 아궁이에서 몸을 녹이라는 말과 함께 알밤이 공격하고, 자라가 물어 물찌똥에 미끄러지게 하고, 송곳으로 공격하고, 돌절구에 맞아 나자빠지게 만들었다. 그런 호랑이를 멍석으로 싼 뒤 지게가 깊고 깊은 강물에 던지며 호랑이를 물리쳤다. 그렇게 팥죽 할멈은 맛있는 팥죽을 계속 끓이며 오래오래 행복하게 살게 되었다.

시크릿한 책 속 비밀

> "떡 하나만 주면 안 잡아먹지!" 어릴 적 많이 들었던 이야기가 떠오릅니다. 여러 전래동화와 민화 속에서 나타나는 호랑이는 우리 민족을 상징한다고 해도 과언이 아닙니다. 우리나라 지도도 호랑이에 빗대어 설명되고는 하지요.
>
> 백희나 작가님은 입체 인형을 만든 뒤 그 위에 그림을 그려 작품을 만듭니다. 색다른 느낌의 이 책에 아이들은 이내 사로잡혀 버립니다. 실제로 학급에서 백희나 작가님의 책은 정말 인기가 많습니다. 아이들이 한 번도 경험해 보

지 못했던 스타일의 책이기 때문이지요.

『구름빵』으로 2005년 볼로냐 국제 아동 도서전에서 올해의 일러스트레이터로 선정되었고, 2020년에는 아동문학계의 노벨상이라고 일컫는 아스트리드 린드그렌상을 수상하면서 독보적인 자리매김을 하였습니다.

저학년들이 가장 좋아하는 백희나 작가님의 책 시리즈를 추천합니다.

A

오래오래 행복하게 살고 싶은
할머니의 바람이 있었습니다.

우리나라 3대 거짓말로 '장사꾼이 밑지고 판다', '처녀가 시집 안 간다', '노인들이 빨리 죽어야지'라는 말이 있다고 합니다. 팥죽 할멈 역시 '죽음'을 경험하고 싶지 않았던 것 같습니다. 특히나 자신이 잘 끓이는 팥죽을 나누어 먹으며 오래오래 행복하게 살고자 하는 삶에 대한 욕구가 큰 분이셨지요. 나이를 먹으면 '죽음'에 의연해질 것이라고 생각하지만 죽음을 초연하게 받아들일 수 있는 사람은 이 세상에 없습니다.

부모와 아이의 인사이트 확장을 위한 TIP

• 아이들은 왜 동물 이야기를 좋아할까요?

　동물은 생명이 있지만 사람은 아닌 존재입니다. 아이들은 연령에 따라 동물을 받아들이는 정도가 다른데, 어릴수록 동화 속 동물을 실제처럼 받아들이고 재미를 느낍니다.

　동물이 넘어지거나 뜨거운 물에 데여도 웃고 넘길 수 있는 요소가 생깁니다. 만약 사람이 그랬다면 걱정과 죄책감, 불안이 공존하여 책에 몰입할 수 없었겠지만, 동물의 행동은 재미나게 받아들일 수 있지요.

　전래동화에 나오는 호랑이는 무서운 모습이 있기도 하지만, 때로는 웃기게 당하기도 하고 벌을 받기도 합니다. 〈해와 달이 된 오누이〉에서는 호랑이가 어머니를 잡아먹고 어머니 흉내를 내는 모습을 보여 줍니다. 실제 내용에서는 더 잔혹하게 표현되는 부분이 많지만 아이들의 책에서는 재미나게 기술되어 있습니다.

• '십이지신(十二支神)'을 재미나게 학습해 보아요.

　땅을 지키는 열두 수호신은 열두 마리의 동물, 즉 쥐, 소, 호랑이, 토끼, 용, 뱀, 말, 양, 원숭이, 닭, 개, 돼지로 상징합니다(자, 축, 인, 묘, 진, 사, 오, 미, 신, 유, 술, 해).

| 자 | 축 | 인 | 묘 | 진 | 사 |
| 오 | 미 | 신 | 유 | 술 | 해 |

추천 영상

• 전래동화 속에서 나타나는 호랑이들을 비교해서 그림으로 그려 보세요.

|||||||||||||||||||||||||||||||||||

해와 달이 된 오누이

어떤 호랑이인가요?

_____
_____

|||||||||||||||||||||||||||||||||||||

호랑이 형님

어떤 호랑이인가요?

_____
_____

|||||||||||||||||||||||||||||||||||

호랑이와 곶감

어떤 호랑이인가요?

_____
_____

|||||||||||||||||||||||||||||||||||

팥죽 할멈과 호랑이

어떤 호랑이인가요?

_____
_____

7년 동안의 잠

글, 그림 박완서, 김세현   출판사 어린이작가정신   연계 교과 국어활동 2-1

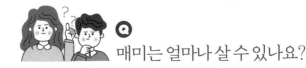

Q 매미는 얼마나 살 수 있나요?

책 속으로

어린 개미가 싱싱하고 큰 먹이를 찾아냈다. 개미 마을의 광을 다 채우고도 남을 정도였다. 온종일 헛수고로 지친 개미들은 싱싱한 먹이에 힘이 나는 듯했다. 작지만 수가 많은 개미들은 금방 먹이를 감싸 버렸다. 그때 늙은 개미가 잠깐만 멈추라고 말했다. 먹이를 둘러본 늙은 개미는 큰 먹이가 매미인 걸 알아챘다. 땀 흘려 일하는 동안 노래를 부르던 매미만 본 개미들은 이건 매미가 아닐 거라며 먹어도 된다고 이야기한다. 그러나 늙은 개미는 그 한 철의 노래를 위해 7년간 어둠 속에서 재능을 갈고 닦은 것이라며 개미들을 진정시킨다.

개미들은 하나둘씩 그 노랫소리를 떠올리며 매미를 살려 주기로 결정한다. 개미들이 매미를 땅 위로 올려 주자, 매미는 혼자 힘으로 나무 위로 기어 올라간다. 곧 갑옷 등이 부서지며 매미가 공중으로 날아오른다. 그 모습을 보며 개미들은 매미의 앞날을 진심으로 축복해 준다.

시크릿한 책 속 비밀

여름이면 나무 밑에서 크게 우는 매미 소리에 놀라고는 합니다. 목청껏 우는 매미의 울음소리를 듣고 있노라면 어릴 적 여름방학 과제로 곤충채집을 하던 때가 떠오릅니다. 그 시절 늘 과제로 적혀 있던 '곤충 채집'은 이제는 보기 힘듭니다. 곤충도 생명이라는 인식이 자리 잡혔기 때문이지요.

그런데 어느 순간, 아이들이 여름이면 다시 채집통을 들고 다니기 시작했습니다. 마치 경쟁이라도 하듯 매미를 잡아서 넣어 가는 아이들, 그리고 그 옆에서 더 높은 곳에 있는 매미를 잡아 주는 부모님들. 하지만 그 매미를 꼭 잡아야

할까요?

　채집통에서 매미들은 하루면 죽어 갑니다. 한순간에 놀잇감이 되어 버린 매미 채집, 우리 안 하는 건 어떨까요?

　그런 의미에서 이 책은 시사하는 바가 큽니다. 여름의 노래를 위해 긴 시간 외롭게 싸워 왔던 걸 아는 개미들이 매미에게 새로운 삶을 선물했기 때문이지요. 이 책을 통해 생명의 소중함을 느낄 수 있기를 진심으로 바랍니다.

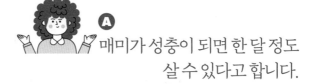

매미가 성충이 되면 한 달 정도
살 수 있다고 합니다.

암컷 매미가 알을 낳으면 1년 후 부화합니다. 알에서 부화한 애벌레는 바로 땅속으로 들어가서 평균 5년 정도 산다고 해요. 이후 땅 위에 올라와 나무에 매달려 껍질을 벗고 몸을 말린 후 날아가서 울기 시작하지요. 이렇게 성충이 되어서는 약 한 달 정도 살 수 있다고 합니다.

부모와 아이의 인사이트 확장을 위한 TIP

- 책임감 있는 생명 존중의 모습을 보여 주세요. 3월 23일은 국제 강아지의
  날이라고 합니다. 유기견에 대해 다시 한번 생각해 보면 좋겠어요.

아이들과 유기견에 대해 대화를 나누어 주세요.

1. 버려지는 강아지는 어떤 마음일까?
2. 버려진 강아지는 어떻게 살아가게 될까?
3. 강아지를 버리는 사람은 어떤 모습일까?
4. 내가 강아지를 끝까지 키울 수 없는 상황이라면 어떻게 하는 게 바람직
   할까?

이사를 가면서 강아지를 버리고 가는 사람이 있습니다. 강아지의 마음으로 자신의 주인에게
이야기해 볼까요?

인사이트 팁 김 쌤이 나누고픈 한마디!

- 동물에게 고통을 주는 것을 '게임'처럼 생각하는 사람들은 어렸을 때는 개와 고양이 등을 학대하다가 나중에는 사람을 표적으로 범죄를 저지르게 됩니다. 그럴 경우 반사회적 인격장애(APD, antisocial personality disorder)를 지닌 사이코패스가 될 수 있습니다. 어린 시절부터 생명 존중의 자세를 가질 수 있도록 가정과 학교에서 적극 지도해야 합니다.

- 『7년 동안의 잠』을 읽고 토론 활동을 해 봐요. '매미를 먹어야 할까요? 땅 위로 올려 보내야 할까요?'

1. 나는 어떻게 생각하나요?

배가 고프니 매미를 먹어야 한다.	매미를 먹지 말고 땅 위로 올려 보내야 한다.

2. 1번과 같이 생각한 이유는 무엇인가요? 이유를 써 보세요.

화요일의 두꺼비

글, 그림 러셀 에릭슨, 김종도　출판사 사계절　연계 교과 국어활동 3-1

진정한 우정은 어떤 것일까요?

책 속으로

먹이사슬 관계에 있는 올빼미와 두꺼비가 만났다. 친구 하나 없이 냉소적인 올빼미는 따뜻한 마음을 가진 두꺼비를 통해 마음을 열게 된다. 물론 처음부터 그런 것은 아니었다. 올빼미는 두꺼비를 화요일에 잡아먹겠다고 했다. 그러나 그 말을 들은 건지 아닌지 두꺼비는 외로운 올빼미를 위해 청소를 하고 이야기도 나누며 친구가 되어 갔다.

이름이 없는 올빼미의 이름을 함께 지어 보았다. 조지가 좋겠다는 말을 하면서 말이다. 그렇게 함께하는 시간이 많아지면서 올빼미는 두꺼비와 친구가 되고 싶어졌다.

화요일이 다가오자 두꺼비는 스웨터 실을 풀어 도망을 쳤다. 그러다 우연히 여우한테 잡혀 있는 올빼미를 보게 된다. 두꺼비는 도망치는 것을 포기하고 올빼미를 구해 낸다. 알고 보니 올빼미는 두꺼비의 선물을 준비하러 오다가 잡힌 것이었다. 올빼미는 내게 친구가 있다면 두꺼비 너 같은 친구라면 좋겠다는 고백을 하고 둘은 즐겁게 날아간다.

시크릿한 책 속 비밀

자신의 마음을 반대로 말하는 친구들이 있습니다. '놀고 싶다, 하고 싶다, 즐겁다'고 말하면 될 텐데 오히려 반대로 '놀기 싫다, 하기 싫다, 화난다'고 표현하지요. 이런 습관이 심해지면 때때로 친구들은 '거짓말을 한다'고 느낍니다. 솔직하지 못한 감정으로 인해 그렇게 느끼는 것이지요.

대부분 이런 친구들은 자신의 감정을 온전히 수용하는 법을 모르거나 관계

에서 긍정적인 상호교류를 하지 못한 경우가 많습니다. 내 마음을 사실대로 말하면 상대가 싫어하거나 심지어 나를 떠날 것이라 생각하기 때문이지요.

이런 친구들은 솔직하게 표현하는 연습을 해야 합니다. 부정적인 감정에 대해서는 관계가 깨지는 독설을 내뱉지 않도록, 긍정적인 감정에 대해서는 관계가 향상되는 표현을 할 수 있도록 말이지요. 예를 들어 "지난 번에 그래서 이제는 절교야"라고 말을 하는 친구들이 있습니다. 이건 솔직한 표현이 아닌 관계가 깨져 버리는 최악의 방법이지요. 자신이 느꼈던 불편한 감정을 솔직히 이야기하고 관계 향상을 위해 긍정적인 표현을 해야 합니다. "지난번 일 때문에 속상했어. 그렇지만 다음에도 친하게 놀고 싶어서 이야기를 꺼내. 우리 어떻게 하는 게 더 좋을까?"라고 말이지요.

Ⓐ 다른 사람들은 이해하지 못해도 둘만의 우정이 생길 수 있어요.

'쟤네가 친하다고?' 싶은 의아한 친구 사이가 있습니다. 성향도 학습상황도 모든 것이 달라보이는데 둘이서는 너무나 긴밀한 우정을 나누고 있지요. 주변에서 보이는 것들은 모두 겉모습일 뿐입니다. 아이들끼리 어떤 우정을 나누고 있는지는 당사자만 알지요. 다른 사람들은 이해하지 못해도 자신들만의 공유우정이 있다면 인정해 주세요.

부모와 아이의 인사이트 확장을 위한 TIP

- 올빼미가 두꺼비를 데리고 높이 날아올랐을 때 두꺼비는 어떤 마음이었을까요? 두꺼비의 입장이 되어 써 볼까요?

- 올빼미는 생일날 두꺼비를 잡아먹으려던 마음을 왜 바꾸었을까요? 나의 생각을 써 봐요.

인사이트 팁 김 쌤이 나누고픈 한마디!

• '공감' 능력의 중요성에 관해 이야기 나눠 볼게요. 아이가 감정 표현이 서툰 경우 대부분 부모님도 그러신 경우가 많습니다. 어떻게 하면 감정을 잘 표현할 수 있을까요? 초등학교 2학년 교과과정에는 감정을 표현하는 수업이 있습니다. 아이들이 자신의 감정을 잘 표현할 수 있도록 교육과정에서 지도하고 있는 것인데요. 이 시기에는 자신의 감정을 바르게 알고 다른 사람에게 올바르게 표현하는 것이 무척 중요합니다.

감정을 바르게 표현하기 어려운 친구들은 부정적인 감정에 대해 그저 '짜증나'라고 표현합니다. '슬프다, 속상하다, 화가 난다, 당황스럽다, 무섭다, 두렵다' 등등의 단어로 자신의 현재 상태를 표현하기 어려워하지요. 그러다 보니 옆 사람들은 더 이상 소통이 불가능해집니다. 이를 해결하기 위해서 '감정카드'를 추천합니다. 감정카드는 다양한 감정에 대한 용어와 표정을 나타내는 그림이 함께 있습니다. 긍정적인 감정, 부정적인 감정에 대한 단어와 상황이 제시되어 있어서 공감 능력을 향상하기 좋습니다. 아이가 오늘 있었던 일을 바로 표현하지 못할 때 다양한 감정카드를 보여 주고 선택하게 하여 이야기를 풀어 나가는 방법도 있습니다.

감정에 대한 어휘를 다양하게 학습해서 풍부하게 감정 표현을 할 수 있도록 도와주세요.

추천 도서 아홉 살 마음 카드

다다다 다른 별 학교

글, 그림 윤진현 출판사 천개의바람

 **Q** 어느 별이 더 빛날까요?

책 속으로

　　교실에 들어선 선생님이 모두 다 다른 별에서 온 친구들을 보고 깜짝 놀란다. 작아도 별에서 온 친구는 아주 작은 것과도 친구가 된다고 말하고, 상상하는 걸 좋아하는 친구는 생각대로 별에서 왔다고 한다. 모범생 친구는 반듯반듯 별에서 왔고, 호기심 많은 친구는 물음표 별에서 왔다고 한다. 눈물나 별에서 온 친구는 눈물이 많고, 되고 싶은 게 많은 친구는 뭐든지 별에서 왔다. 부끄럼쟁이는 숨바꼭질 별에서 왔고, 화를 잘 내는 친구는 짜증나 별에서 왔다. 개구쟁이 장난쳐 별에서 온 친구, 걱정이 많은 두근두근 별에서 온 친구, 아맛나 별에서 온 뚱뚱보 친구도 있다.

　　우리 선생님은 어느 별에서 온 것일까? 선생님은 친구들에 대해 모든 걸 다 아는 다알지 별에서 왔다고 하신다. 모두 다 다른 별에서 온 친구들, 그래서 모두가 다 다른 우리 반.

시크릿한 책 속 비밀

학교는 모두 다른 친구들이 모여 사회성을 키우는 작은 사회입니다. 사회 속에서 자신의 모습을 드러내며 어우러짐을 배우는데, 저학년은 '자아 중심성'이 큰 시기이기에 친구들을 이해하는 게 쉽지는 않습니다.

"쟤는 왜 울어? 쟤는 왜 화를 내지?"라는 생각으로 친구를 이해하지 못하다가 그림책을 통해 깨달음을 얻는 아이들이 많습니다. "아, 저 친구는 걱정 주머니가 있어서 그렇구나. 아, 다른 별에서 와서 그렇구나"라고 받아들이면 크게 화를 내지 않게 되지요.

부모님께서도 친구들의 교우관계를 물어볼 때 "걔는 도대체 왜 그런다니? 투명인간 취급해"라고 부정적인 피드백을 주시기보다 "그 친구는 장난쳐 별에서 온 개구쟁이인가보구나"라고 말씀해 주신다면 친구를 이해하기가 훨씬 수월해지리라 생각합니다.

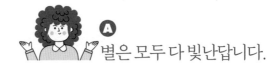

별은 모두 다 빛난답니다.

수많은 별 중에 어느 별이 더 빛날까요? 학급 내에서 친구들보다 자신이 더 빛나기를 바라고, 가정 내에서도 형제자매보다 자신이 더 빛나기를 바라는 아이들이 있습니다. 이런 비교는 아이 자신을 힘들게 만들지요. 그럴 때는 이야기해 주세요. 별은 모두가 빛이 난다고 말이지요. 모든 별은 각자의 위치에서 빛나고 있답니다. 자신이 소중하고 사랑받는 존재라고 생각하면서 아이는 자기 주변의 세계에 대해 긍정적인 느낌을 경험합니다. 이것을 발달심리학자 에릭슨은 '기본적 신뢰감'이라고 하였습니다.

부모와 아이의 인사이트 확장을 위한 TIP

• 우리 친구들은 학교와 집에 있을 때 어떤 기분이 드나요? 이번 주에 나는 다섯 가지 감정 중에 어떤 마음이었는지 0~5로 나타내어 봐요. 기쁨은 노랑, 버럭은 빨강, 슬픔은 파랑, 까칠은 초록, 소심은 보라색으로 표현해 보는 거예요.

	기쁨	버럭	슬픔	까칠	소심
학교에서의 나	5	5	5	5	5
	4	4	4	4	4
	3	3	3	3	3
	2	2	2	2	2
	1	1	1	1	1
	0	0	0	0	0

	기쁨	버럭	슬픔	까칠	소심
집에서의 나	5	5	5	5	5
	4	4	4	4	4
	3	3	3	3	3
	2	2	2	2	2
	1	1	1	1	1
	0	0	0	0	0

• 나의 별을 찾아볼까요?

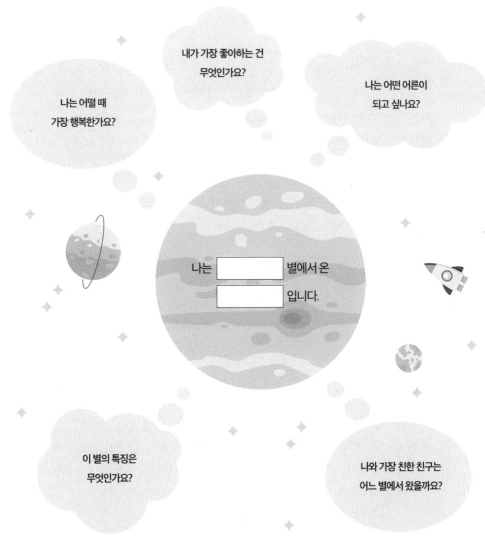

내가 가장 좋아하는 건
무엇인가요?

나는 어떤 어른이
되고 싶나요?

나는 어떨 때
가장 행복한가요?

나는 □ 별에서 온
□ 입니다.

이 별의 특징은
무엇인가요?

나와 가장 친한 친구는
어느 별에서 왔을까요?

엄마가 화났다

글, 그림 최숙희 출판사 책읽는곰

마음과 다르게 아이에게
화부터 낸 적 있나요?

책 속으로

짜장면을 먹다 장난을 치며 식탁을 어질러 놓은 아들 산이를 보고 엄마의 잔소리가 다시금 시작되었다. 얼굴 씻으러 가서는 거품 장난치는 걸 보고 버럭, 벽에 낙서를 하고 있는 걸 보고 버럭, 결국엔 너 때문에 못 살겠다라는 이야기까지 뱉었다. 엄마의 화가 난 소리에 가슴과 손발이 떨린 산이는 어디론가로 사라지고, 엄마는 울면서 사라진 산이를 찾아다닌다. 산이를 찾으러 갈 때마다 엄마는 산이의 마음을 느끼게 된다. 엄마가 가만히 있으라고 할 때마다 가슴이 너무 답답했다는 말, 엄마가 버럭 할 때마다 점점 작아진다는 말. 걸핏하면 너 때문에 못 살겠다고 했던 자신을 생각하며 엄마는 울음을 터트린다.

이불 안으로 사라졌던 산이를 찾은 엄마는 산이를 꼭 끌어안으며 미안함과 사랑의 마음을 전한다.

시크릿한 책 속 비밀

저학년 아이들과 수업하기 무척 좋은 책입니다. 어떤 친구들은 수업 중에 울기도 하지요. 엄마가 화를 내실 때가 언제냐는 질문에 아이들의 대답을 들으면 대부분 자신도 잘못했다는 것을 알고 있습니다. "몰래 게임할 때요", "할 일 안 하고 놀 때요", "집중 안 할 때요", "동생이랑 싸울 때요" 등등 엄마가 왜 화를 내시는지 다들 잘 알고 있지요. 어떤 친구들은 엄마의 마음에는 칭찬쟁이와 화쟁이가 함께 살고 있다는 식의 재미난 표현을 하기도 합니다.

아이들은 엄마의 마음을 잘 알 거라고 생각하기 쉽지만, 진실된 마음과 사랑을 표현해 주지 않으면 느낄 수 없습니다. 아이들에게 엄마의 진심을 알려 주세요. 혹시라도 버럭 하며 말이 나쁘게 나갔다면 바로 사과하시고 아이의 마음을 어루만져 주세요. "엄마가 혼내서 속상했지? 엄마가 너를 사랑하지 않는 게 아니라 엄마도 사람인지라 화나는 걸 참지를 못했을 뿐이야. 다음에는 노력할게"라고 말이지요.

저는 이 책을 보면서 잠시 테마파크에서 아이를 놓쳤던 경험이 떠올랐습니다. 아이를 잃어버린 3분은 저에게 엄청난 두려움으로 몰아쳤지요. 아이가 자란 뒤 뒤늦게 후회하지 마시고 가장 예쁜 지금을 누렸으면 좋겠습니다.

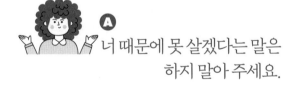

A 너 때문에 못 살겠다는 말은 하지 말아 주세요.

아이들이 세상에서 가장 사랑하는 엄마. 그 엄마가 "너 때문에 못 살겠다"라고 하면 아이는 얼마나 무서울까요? 아동기는 자신에 대한 개념을 형성하는 시기인데, 그런 말을 들으면 아이들은 자신의 존재 자체를 부정하게 됩니다. 아이의 행동에 화가 날 수는 있겠지만 아이의 존재를 부정하는 말들은 사용하지는 말아 주세요.

부모와 아이의 인사이트 확장을 위한 TIP

• 아이들에게 나쁜 말은 이제 그만! 바꿔 말하기를 해 보세요. 처음이라 어
  렵다면 아래 예시 문장을 따라 연습해 보세요.

1. **너 때문에 못 살겠다.**
   → 엄마는 네가 있어서 에너지가 생겨. 너는 엄마의 비타민이야.

2. **너는 커서 뭐가 되려고 그러니?**
   → 엄마는 우리 ○○이가 하고 싶은 게 있을 때 적극적으로 지지할 거야. 언제든 이야기해 주렴.

3. **네가 해 봤자 얼마나 한다고 그래?**
   → 처음부터 잘하는 사람이 어디 있겠어. 걱정하느라 한 걸음도 내딛지 않는 것보다 시
     작이 더 중요하단다.

4. **앞으로 제대로 한다는 말은 하지도 마.**
   → 하다 보면 더욱 잘하고 싶고 완성하고 싶다는 생각이 들 거야. 최소한 그때까지는 포기
     하지 말고 계속해 보렴.

5. **어차피 너에게 믿음도 없어.**
   → 세상에서 가장 사랑하고 신뢰하는 사람은 우리 가족, 너란다.

"물론 저 역시 예쁜 말이 잘 안 될 때가 있습니다. 특히 제 배로 낳은 아이들끼리 티격태격 다툴 때 정말 화가 나더라고요. 그럼에도 꼭 유념한 것은 "아이들의 존재 자체를 부정하며 혼내는 말은 절대 하지 말자"라는 것이었어요. 화가 나죠. 저도 화가 납니다. 그러나 너무너무 화가 날 때는 잠시만 그 자리에서 벗어나 객관적으로 상황을 보기 위해 노력합니다. 실제로 몇몇 아이들은 어렸을 때 자신이 들은 나쁜 말들을 기억해 두었다가 사춘기가 되어 그대로 엄마에게 내뱉는 아이들도 있었습니다. 가족끼리 상처 주는 건 너무 슬프잖아요. 그러니 아무리 힘들어도 아이의 존재를 부정하는 나쁜 말은 하지 않기로 해요.

• 오롯이 나를 알아보는 시간을 가져 보세요. 나를 알면 타인을 잘 이해하게
  됩니다.

1. 부모님께서 나에게 화내셨던 때가 있었나요? 그때의 경험을 떠올려 보아요.

부모님께서 언제 화를 내셨나요?

_____

부모님이 화가 나신 이유는 무엇이었나요?

_____

그때 나의 마음은 어땠나요?

_____

그때 부모님의 마음은 어떠셨을까요?

_____

2. 부모님이 칭찬하실 때는 언제인가요? 그때의 경험을 떠올려 보아요.

부모님께서 언제 칭찬하시나요?

_____

부모님께서 칭찬하신 이유는 무엇이었나요?

_____

그때 나의 마음은 어땠나요?

_____

그때 부모님의 마음은 어떠셨을까요?

_____

★ 에린 번(Eric Berne)이 정립한 교류분석(Transactional Analysis: TA이론)
  인간관계에서의 의사소통과 교류방법에 역점을 둡니다. TA 이론이란, 인간관계에서 가
  장 중요한 것은 '무엇보다 나 자신을 아는 것'이고, 이를 통해 타인(배우자 또는 자녀)
  를 이해하게 된다는 것입니다.

현직 교사가 알려 주는

심리 도서 50
― 초등 중학년

아씨방 일곱 동무 ★교과서 수록 도서

글, 그림 이영경　출판사 비룡소

Q 혼자만 인정받고 싶은 아이 괜찮을까요?

책 속으로

　　빨강 두건 아씨가 잠든 사이 척 부인, 가위 색시, 바늘 각시, 홍실 각시, 골무 할미, 인두 낭자, 다리미 소저는 모두 자신이 최고라고 우기며 다툰다. 각자 자신이 왜 제일 중요한지 이유를 들며 당당하게 맞서니 다툼은 너무나도 팽팽하다. 일곱 동무의 다투는 소리에 잠을 깬 빨강 두건 아씨는 모두의 자랑을 듣고 있다가 벌떡 일어나 성난 소리로 말한다. 너희가 아무리 잘 해내도 자신의 손이 없으면 아무 소용없다고 말이다. 시끄러운 소리로 단잠을 깨우니 화가 난다며 모두 제 잘난 줄 아는 착각을 깨라고 소리친다.

　　그렇게 화를 내고 빨강 두건 아씨가 잠이 들었는데, 이번에는 꿈에서 다툼이 벌어졌다. 다른 점은 아씨가 바느질을 하려는데 일곱 동무가 하나도 보이지 않는다는 것이다. 구석구석 찾아보아도 일곱 동무가 보이지 않자 아씨는 그만 울음을 터뜨리고 말았다. 아씨는 깨어나 모든 게 꿈이었다는 사실을 깨닫고 안심한다. 아씨는 일곱 동무들에게 모두가 소중하다는 것을 이야기하며 잘못을 빈다. 그렇게 빨강 두건 아씨와 일곱 동무들은 서로를 바라보며 웃는다.

시크릿한 책 속 비밀

　　고전수필 〈규중칠우쟁론기〉를 어린이 그림책으로 재구성한 책입니다. 전해져 내려오는 우리 고전을 재미있게 그려내서 3학년 아이들이 무척 좋아합니다. 관련해서 인형극을 하거나 역할놀이로 재구성하기도 하지요.

　　빨강 두건 아씨와 '자, 가위, 바늘, 실, 골무, 인두, 다리미'가 서로 자기 역할

이 최고라고 다투는 내용에서 아이들에게 "네 생각은 어때?" 하고 물으며 교감합니다.

단순히 빨강 두건 아씨가 호통을 치고 자신이 최고라고 하는 데서 그쳤다면 평범한 책이 되었겠지만, 악몽을 꾸고는 모두의 소중함을 깨닫는다는 점에서 무릎을 치게 됩니다. 조금 크면 『호접지몽』, 『구운몽』처럼 꿈과 현실을 오가는 이야기를 읽게 될 텐데, 그 전에 재미나게 읽을 수 있는 책입니다.

이 책은 내용도 교훈적이지만 그림 역시 우리의 옛 정서를 느낄 수 있어서 책을 온전히 읽어 보기를 권합니다. 『아씨방 일곱 동무』는 2001년 SBS 어린이 미디어 대상 창작 그림책 부문에서 금상을 수상했으며, 프랑스와 일본어로도 출간되어 지금까지 많은 사랑을 받고 있습니다.

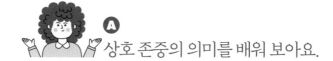

🅐 상호 존중의 의미를 배워 보아요.

아이들에게 무조건 "네가 최고야. 원하는 건 엄마가 어떻게 해서든 다 해 줄 거야"라고 하는 대신 사회 구성원으로 서로 돕고 살아가도록 가르쳐 주어야 합니다. 이 세상을 아이 혼자서만 살아갈 수는 없으니까요. 친구의 개성을 존중하고, 서로 소중한 존재라는 것을 느낄 수 있도록 끊임없이 이야기해 주세요. 무엇보다 혼자만 칭찬받는 것보다 협력을 통한 성과를 이루는 것이 더 값지다는 것도 알 수 있도록 해 주셨으면 좋겠습니다. 혼자만 하는 운동과 놀이(줄넘기, 레고블럭)보다는 같이 하는 운동과 놀이(축구, 피구, 컵 쌓기)로 이끌어 주기를 추천합니다.

부모와 아이의 인사이트 확장을 위한 TIP

- 바느질에서 가장 중요한 7가지가 있듯이 우리가 공부할 때도 중요한 학용품들이 있습니다. 그중에서도 여러분이 생각하는 가장 중요한 학용품은 무엇인가요?

일곱 동무 학용품
내가 제일 중요해!!

| 공책 | 연필 | 지우개 | 자 |

| 색연필 | 풀 | 가위 |

1단계 가장 중요한 학용품을 순서대로 적어 보세요.

중요도	학용품 이름	그렇게 생각한 까닭
❶	_____	_____
❷	_____	_____
❸	_____	_____
❹	_____	_____
❺	_____	_____
❻	_____	_____
❼	_____	_____

2단계 부모님과 대화를 통해 부모님께서 생각하시는 가장 중요한 학용품 3가지를 적어 주세요.

_____ _____ _____

생각을 키우는 영상 애니메이션 [달빛궁궐] OST — 옷 갈아 입자

나는 3학년 2반 7번 애벌레 ★온책읽기 추천 도서

글, 그림 김원아, 이주희   출판사 창비   연계 교과 과학 3-1

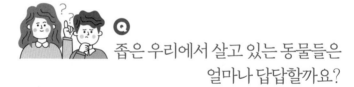

Q 좁은 우리에서 살고 있는 동물들은
얼마나 답답할까요?

책 속으로

3학년 2반 관찰상자에서 일곱 번째로 태어난 '7번 애벌레'는 형님 애벌레들과 달리 특별한 구석이 있다. 인간을 경계하며 나비가 되기 위해 애쓰는 형님 애벌레와 달리 7번 애벌레는 인간과 세상에 대한 호기심이 많다. 자신을 관찰하는 아이들을 보며 도리어 아이들을 관찰하기도 하고 배춧잎으로 신기한 무늬도 만든다.

그러던 어느 날 농약이 묻은 배춧잎이 들어온다. 배고픔을 달래기 위해 먹을 수도 없고 막연히 계속 기다릴 수도 없는데, 속을 아는지 모르는지 아이들은 배춧잎을 먹지 않는 애벌레가 이상할 뿐이다.

애벌레들은 스스로 문제를 해결할 수 없다며 자신들을 힘들게 했던 인간들에게 도움을 요청한다. 애벌레들이 모두 힘을 모아 배춧잎에 가위표를 만들어 낸 것이다. 그 모습을 보고 학급 아이들의 긴급구조가 이루어졌다. 점심 메뉴로 나온 쌈채소를 넣어 준 것이다. 애벌레들은 하나둘씩 식사를 시작하고, 그렇게 하나둘 애벌레들은 멋진 나비가 된다.

시크릿한 책 속 비밀

초등학교 3학년 교육과정에 '동물의 한살이' 단원이 있습니다. 학급에서 배추흰나비를 키우며 알, 애벌레, 번데기, 나비가 되는 과정까지 접하면서 완전 탈피하는 곤충에 대해 배우게 되지요.

신비로운 생명의 변화를 보며 아이들은 정말 많은 관심을 보입니다. 특히

번데기가 나비가 되어 날려 보내 주는 시점에는 책에 나오는 것처럼 환호성을 지르고 박수를 치지요. 나비를 멋지게 떠나보내야 한다는 마음가짐이 있는 듯합니다. 곤충도 소중히 여기는 이 활동이 생명 존중의 시작이 됩니다.

영화 〈마당을 나온 암탉〉을 같이 보는 것도 추천합니다. 자식이 멋지게 성장하여 세상 속으로 나가는 것을 바라는 부모의 마음을 간접적으로 알게 되기 때문입니다.

A
동물원에 갇혀 사는 동물은 이상행동을 보입니다.

동물원에 갇혀 있는 동물은 사육장을 계속 빙글빙글 돌거나 머리를 흔드는 등의 '상동행동'을 합니다. 상동행동은 목적 없이 반복되는 이상행동으로, 주로 인간의 자폐증에서 나타납니다. 그런데 최근에 동물들이 좁은 사육장에서 종일 갇혀 있다 보니 이상 행동을 하게 되는 것인데요. 특히 활동 반경이 큰 동물들은 최대한 야생생활과 같게 만들어 주거나, 숨을 곳도 없이 노출되는 환경을 바꿔 주어야 한다고 전문가들은 입을 모아 이야기하고 있습니다.

부모와 아이의 인사이트 확장을 위한 TIP

• 식물이나 동물을 키워 본 경험이 있을까요? 어떤 생명을 돌보았나요? 인
  상 깊었던 일과 그때의 생각이나 느낌을 적어 보아요.

내가 키워 본 생명:
_____

인상 깊었던 일:
_____

_____

_____

생각이나 느낌:
_____

_____

• 집안에서 키우는 식물이 행복할까요? 들판의 민들레가 행복할까요?
  PMI 기법으로 자신의 생각을 정리해 보아요.

	집안에서 키우는 식물	들판의 민들레
P 플러스 Plus, 좋은 점		
M 마이너스 Minus, 좋지 않은 점		
I 인터레스팅 Interesting, 흥미로운 점		
나의 결론		

VS.

★ PMI 기법

　　에드워드 드 보노(Edward de Bono)가 고안한 창의적 사고 기법이다. 제안된 아이디어의 장점(Plus), 단점(Minus), 흥미로운 점(Interesting)을 다각적으로 살펴봄으로써 여러 가지 생각 중에 가장 좋은 아이디어를 결정하는 데 도움을 준다.

아드님, 진지 드세요 ★학교도서관사서협의회 추천 도서

글, 그림 강민경, 이영림   출판사 좋은책어린이   연계 교과 국어활동 3

 **Q** 부모 자녀 간에 '높임말'을 꼭 써야 할까요?

책 속으로

범수는 엄마가 재촉하는 소리에 뭉기적거리며 식탁 앞에 앉았다. 가득 담긴 밥을 보며 짜증을 확 내서 부모님께 혼이 난다. 엄마, 아빠, 누나, 할머니, 모두에게 자신이 하고픈 대로 말하는 범수는 학교에서도 선생님께 주의를 듣게 된다. 엄마와 할머니는 버릇없는 범수의 말버릇을 고치려고 존댓말을 쓰기 시작한다. 범수는 어리둥절하지만 자신을 떠받드는 것이 싫지만은 않다.

범수는 엄마에게 마트에서도, 태권도 학원에서도 반말을 하는데 오히려 엄마는 계속해서 존댓말을 한다. 그 모습을 보고 주변 사람들이 수군거리고, 친구들은 범수 엄마를 '하녀 엄마'라고 놀리기 시작한다. 범수는 슬슬 무언가 잘못되고 있다는 것을 느낀다.

마트에서 자기가 제일 좋아하는 민지의 할머니를 만난 뒤로 범수는 예의 없는 자신이 창피해진다. 엄마의 존댓말이 잘못되었다는 걸 깨닫고 범수는 앞으로 예의 바르게 말하겠다고 다짐한다.

시크릿한 책 속 비밀

아이들이 부모님께 전화를 할 때 옆에서 들어 보면, 친구와 통화하는 것처럼 격의 없는 경우가 있습니다. "~라고 했지?"라며 호통치듯 부모의 말투를 그대로 따라하는 아이도 있고요. 이런 친구들은 학교에서도 비슷합니다. 부모님께 예의 없는 말투를 쓰기 때문에 선생님과의 대화에서도 그 모습이 보이지요. 단순히 '요'를 붙이고 안 붙이고의 문제가 아니라 상대를 배려하지 않는 말투로 인해 관계 형성에 어려움이 생길 수 있습니다.

엄마가 나에게 존댓말을 하면 기분이 좋을 줄 알았는데 엄마가 하녀가 된 거라는 깨달음! 상호 존대가 아닌 역순하는 존대에서는 아이들도 당연한 게 아니라 잘못되었다는 것을 알게 되지요. 결국 상대를 존중하는 것이 스스로를 존중하는 것입니다. 의사소통에서 높임말처럼 바른 언어를 사용하는 것은 무척 중요하답니다.

ⓐ 상황에 맞게 적절한 높임말을 사용할 수 있도록 교육해야 합니다.

'크면 알아서 높임말을 사용하겠지'라는 생각에 무심코 가까워지기 위한 '반말'을 선택했다가 어느 순간 부모도 상처를 받고는 합니다. 가족들 간에 높임말을 사용하면 서로 존중하는 태도를 기르고 자녀의 버릇없는 행동도 줄어듭니다. 일상생활에서 올바른 언어 습관을 기르기 위해 가정에서 자연스럽게 배울 수 있도록 교육해야 합니다.

부모와 아이의 인사이트 확장을 위한 TIP

• 상호 존대 vs. 상호 반말, 어떻게 생각하세요?

예부터 내려오는 높임말에 대한 관습이 우리에게 존재합니다. 미국처럼 모두가 'you'가 되는 상황이 아니기 때문이지요.

최근에는 '상호 존대를 하자, 상호 반말을 하자' 등의 의견이 나오고 있는데요. 실제로 교실에서 선생님과 친구들끼리 모두 상호 존대를 한 경우 아이들이 쉽게 화를 내지 못해 싸움이 줄어드는 경우도 많이 봤습니다. CJ그룹은 20여 년 전에 서로를 직위가 아닌 '님'으로 부르며 수평적 조직문화를 이루기 위해 노력했다고 합니다.

상호 반말은 자신의 기분대로 말하는 게 아니라, '예의 있게 반말'을 하는 것을 말합니다. 선생님이 아이의 이름을 부르며 친구처럼 대화를 거는 것이지요. 그러나 아직까지 학교 현장에서는 반발감이 큰 상태입니다. 상호 존대를 더 선호하는 현상이 더 뚜렷하게 나타나고 있지요.

우리나라 분위기에서는 어쩌면 당연한 결과겠죠? 그렇지만 상호 존중, 상호 반말과 같이 우리가 어린이를 대하는 시선 자체에 고민을 시작했다는 점에서 의의가 있다고 생각합니다.

- 말의 중요성을 알려 주는 속담에 대해 알아볼까요?

  1. 가는 말이 고와야 오는 (   )이 곱다

  2. 같은 말이라도 아 다르고 (   ) 다르다

  3. 말 한마디에 천 냥 (   )도 갚는다

  4. 낮말을 새가 듣고 밤말은 (   )가 듣는다

  5. 말이 (   )가 된다

  정답 말, 어, 빚, 쥐, 씨

- 위에 제시된 속담 외에 어떤 것들이 있을까요? 찾아서 적어 보아요.

내 짝꿍 최영대 ★학교도서관사서협의회 추천 도서

글, 그림 채인선, 정순희   출판사 재미마주

Q 기억에 남는 짝이 있나요?

책 속으로

4월 어느 날 아침, 더벅머리를 한 남자아이가 교실 문을 열고 들어왔다. 헐렁한 옷옷에 다 해진 운동화를 신은 꾀죄죄한 아이였다. 선생님이 아이들에게 그 애를 소개했다. 이름은 최영대. 여기서 멀리 떨어진 어느 시골 학교에서 전학 왔다고 한다.

아이들은 단체로 영대를 때리기 시작했다. 영대는 홀로 울면서 아이들만 바라볼 뿐이다. 친구들은 여행 가는 날에도 영대를 괴롭혔다. 영대의 울음소리에 그만 선생님께 들키게 되고, 아이들은 전부 앉았다 일어났다를 반복하며 벌을 선다. 영대는 계속 울고, 결국 친구들도 선생님도 모두 울음을 터뜨렸다. 다음 날이 되자, 영대에게 바보라고 놀렸던 반장은 슬그머니 영대 옆에 앉아 기념 배지를 꽂아 준다. 아이들이 모두 다가가 배지로 옷을 채워 주었다. 그다음부터 영대는 옷차림도 깨끗해지고 꾀죄죄한 얼굴도 조금씩 하얘졌다. 이제 영대는 반에서 제일 소중한 아이가 되었다. 그 영대는 지금 내 짝꿍이다.

시크릿한 책 속 비밀

적자생존, 양육강식. 동물들의 세계에만 있을 것 같은 이 논리가 아이들의 세계에서도 보이고는 합니다. 제가 초임 때만 해도 (거의 20여 년 전) 아이들을 체벌하는 경우가 간혹 있었지만, 아동 인권이 강조된 이후부터 체벌은 거의 없어졌습니다. 결국 수차례 경고 후 학부모님께 협조를 구하는 방법밖에 없지요. 아니면 생활지도 요청 사안으로 처리할 수밖에 없습니다. 영대 반 선생님 같이 잘못된 행동에 대해 끝까지 포기하지 않고 지도해 주시던 스승님들이 그

리워질 때가 있습니다. 그렇게 제대로 혼이 나고는 언제 그랬냐는 듯 정신 차리는 아이들도 생각이 납니다.

『내 짝꿍 최영대』는 요즘 아이들이 납득할 수 없는 요소들로 가득합니다. 친구사랑주간과 학교폭력예방교육을 통해 친구를 괴롭히면 안 된다는 것을 항상 배우고 있기 때문입니다. 따라서 책에서처럼 대놓고 괴롭히는 경우를 보면 깜짝 놀라고는 하지요. 그러나 학급 내에서는 '왕따, 은따'가 늘 존재합니다. 그 친구와 짝이 되면 민망할 정도로 싫어하거나 울어 버리는 경우도 있어요. 이 책을 읽고 아이의 학교생활과 친구 관계에 대해 진지하게 이야기 나누는 시간이 되길 바랍니다.

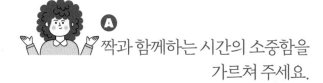

짝과 함께하는 시간의 소중함을 가르쳐 주세요.

2인용 책상에 금을 그어 놓고 '넘어오면 모두 내꺼!'라고 말하던 짝꿍 기억 나시나요? 아련한 추억을 뒤로하고 요즘 학생들은 1인용 책상에서 자신만의 공간을 확보합니다. 책상끼리 붙여서 짝을 만들고는 하는데 짝활동, 모둠활동을 할 때마다 자신의 발과 책가방 위치가 불편하다며 울상인 친구들도 생깁니다. 특히나 2013년생 아이들은 입학하자마자 코로나19로 짝활동을 거의 진행하지 못했는데, 앞으로 꾸준히 배려하는 교육이 필요할 것으로 보입니다. 이 친구들에게는 앞으로 어떤 짝이 기억에 남게 될지 궁금해집니다.

부모와 아이의 인사이트 확장을 위한 TIP

- 학교폭력예방을 위한 자료를 추천합니다. 아이들이 읽는 동화를 기반으로 만든 영상자료라서 아이들이 주인공에 감정이입을 하면서 학교폭력 문제에 적극 참여할 수 있습니다.

EBS TV로 보는 원작동화 <양파의 왕따일기>

'양파' 모임은 공부와 운동도 잘하고 집안 배경도 좋은 아이들만 들어갈 수 있습니다. 그 사이에서 일어나는 질투와 따돌림으로 여학생들의 섬세한 교우관계 내 상처를 생각해 볼 수 있습니다.

EBS TV로 보는 원작동화 <교실 속의 로빈슨 크루소>

또래보다 지능이 부족한 광희는 친구들의 놀림과 따돌림을 받으며 생활합니다. 선생님의 지도(1주일 동안 로빈슨 크루소 생활하기)를 통해 친구들의 변화를 볼 수 있습니다.

초등 사이버폭력 예방 뮤지컬 <영미의 장난>

카톡 왕따와 악성댓글로 인한 사이버 폭력의 가해자와 피해자 사이를 넘나들던 영미는 결국 친구에게 진심 어린 사과를 합니다. 최근 뮤지컬로 제작되어 재미나게 시청이 가능합니다.

추천 도서

『이럴 땐 어떻게 해요?』 황덕현 글, 정용환 그림

28년째 아이들을 가르치시는 황덕현 선생님이 학교폭력과 관련해 아이들의 물음에 답을 주는 책입니다. 선생님이 경험한 다양한 학교폭력 문제와 해결 과정을 통해 학교생활을 건강하게 도모할 수 있습니다.

인사이트 팁 김 쌤이 나누고픈 한마디!

• 학교에서 학교폭력 담당업무를 하다 보면 혀를 내두를 만한 사안들이 있습니다. 아이들끼리 일회성으로 다투는 것은 학교폭력이 아닙니다. 지속적이고 고의적으로 괴롭힘이 진행되는 것이 학교폭력 사안입니다.

학교폭력이 접수 되면 사안이 심각할 경우 교육지원청의 학교폭력대책심의위원회에서 가해 학생과 피해 학생에 대한 조치 및 심의를 의결하고, 교육장이 처분하는 과정을 진행하게 됩니다. 제1호 서면사과부터 제8호 전학(초등학교는 퇴학이 없음)까지의 과정 중 어느 것 하나 양측이 만족하는 결과를 얻기는 힘듭니다. 다시 말씀드리면, 학교폭력 사안은 가해자가 더 나빠지기 전에, 피해자가 더 피해 입기 전에 진행하는 처리이기 때문에 학교폭력 접수만 되면 모든 게 끝났다고 생각하시면 안 됩니다. 끝까지 법정 싸움을 강행했지만 양측 모두 만족하지 못하고 상처만 남는 경우도 종종 보았습니다.

따라서 학교폭력 사안이 발생하기 전에 담임 선생님과 꾸준히 협력하시고, 학교 공동체의 도움을 받아 예방하는 것이 먼저라고 생각됩니다. 아이가 피해를 입으면 부모님과 담임 선생님께 반드시 도움을 요청해서 재발되지 않도록 해야 합니다. 학교폭력 문제는 더 심각한 사회문제로 규정하고 있으니 피해자가 숨어 지내지 않도록 용기를 주세요.

엄마 친구 아들

글, 그림 노경실, 김중석   출판사 어린이 작가정신

Q 마음의 상처가 더 클까요?
몸의 상처가 더 클까요?

책 속으로

현호는 공부를 잘하는 누나와 항상 비교 대상이 된다. 현호는 공부를 못하는 자신은 엄마, 아빠를 모두 닮지 않았다고 생각한다. 어느 날부터 엄마는 엄마 친구 아들을 자랑하며 현호와 비교하기 시작한다. 전부 착하고, 잘생기고, 말 잘 듣고, 공부도 잘하고, 음악, 미술, 바둑, 운동까지 못 하는 게 없다. 모두 초능력자인 듯하다. 또 어떤 아들은 영어 말하기 대회에서 1등을 해서 해외연수 장학금까지 받는다고 한다.

엄마에게 사랑을 받지 못한다고 느낀 현호는 어느 날 엄마 아들을 그만하겠다고 선포한다. 현호는 다른 아들을 엄마 아들로 삼으라는 나쁜 말과 함께 집을 나가 버린다. 그렇게 현호는 집 밖으로 나와 엘리베이터를 탄다. 아래로 아래로 떨어지는 기분을 느끼면서 말이다.

돌아오라는 엄마의 외침과 엄마가 너를 끔찍하게도 사랑하니 그만 올라가라는 주변 조언을 듣고 현호는 다시 생각한다. 엄마 친구 아들은 세상에 많지만 엄마 아들은 세상에 나 하나뿐이라고 말이다.

시크릿한 책 속 비밀

이 책을 읽고 엄마에게 비슷한 대우를 받은 경험이 있는 친구들은 속상한 마음에 눈물을 흘리기도 합니다.

가장 긴밀했던 엄마와 아이의 사이가 왜 그렇게 되었을까요? 간혹 학부모님 중에는 자신의 아이가 잘하는 것은 보지 못하고 다른 아이가 잘하는 것만

칭찬하시는 분들이 계십니다. 내 아이가 더 잘했으면 하는 욕심을 여과 없이 나타내는 분들도 계시지요. "○○는 책을 많이 본다더라, ○○는 동생을 그렇게 잘 봐준다더라"를 포함하여 "너는 왜 그러니? ○○는 열심히 하는데!"라며 비교와 핀잔의 말을 하시곤 하지요. 하지만 세상에 비교를 좋아하는 사람은 없습니다.

아이를 있는 그 자체로 봐주세요. 그리고 아직 엄마의 마음을 이해하기 힘든 나이인 만큼 눈높이에 맞추어 이해할 수 있는 용어로 대화해 주세요.

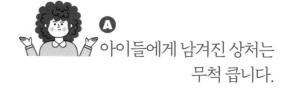

아이들에게 남겨진 상처는 무척 큽니다.

뇌에서 감지하는 정신적인 고통과 몸의 고통은 의학적으로 유사하다고 합니다. 어떤 통증이든 뇌에서 인식하고 통증으로 느끼게 되지요. 이별과 같은 사회적 거절도 우리 뇌에서 신체 감각적인 괴로움으로 느끼게 된다고 합니다. 정서적인 상태에 따라 몸의 면역도 바뀐다는 이야기도 있지요. 결국 정신적, 신체적 고통은 독립적인 것이 아니라 서로 영향을 끼치고 있습니다. 특히 성장기에 있는 아이들은 마음과 몸의 상처 모두 유의해야 합니다.

부모와 아이의 인사이트 확장을 위한 TIP

• 우리 아이의 장점을 보고 칭찬하는 시간을 가져 보세요.

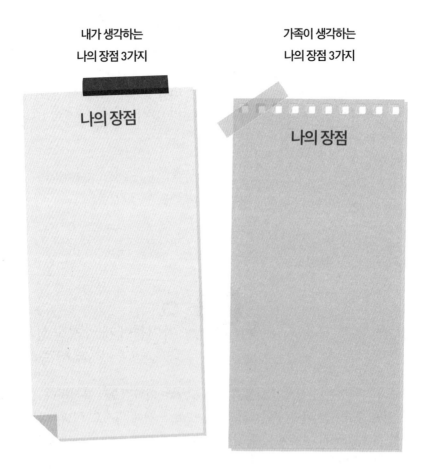

내가 생각하는
나의 장점 3가지

가족이 생각하는
나의 장점 3가지

나의 장점

나의 장점

인사이트 팁 김 쌤이 나누고픈 한마디!

• '엄친아'는 '엄마 친구 아들'을 줄여 이르는 말로 집안, 성격, 머리, 외모까지 어느 하나 빠지지 않고 여러 가지 완벽한 조건을 갖춘 사람을 뜻하는 신조어입니다. '주변에 왜 이렇게 엄친아가 많지?'라고 느끼는 사람들도 있겠지만 실제로 '엄친아'란 현실에는 없는 사람을 뜻하기도 합니다. 남들의 잘하는 면만 보기 때문에 '엄친아'만 눈에 보이는 것이겠지요?
문제는 비교를 당한다고 느끼면 극단적인 선택을 하는 아이도 있다는 것입니다. 예전에는 아이들이 가정에서 불화가 생겨 방황하다 보면 동네 어른들과 친척들이 혼도 내고 조언도 해 주었어요. 그러다 보면 아이들의 마음이 누그러지고는 했습니다. 그러나 이제는 그런 어른들이 주변에 없습니다. 결국 아이는 해서는 안 되는 생각을 하기도 하지요. 어른인 우리도 비교당하는 게 힘들고 싫은데 자기중심적인 아이들은 얼마나 더 힘들까요?
책에서처럼 아이가 엄마에게 바로 돌아올 수 있도록 꾸준히 유대를 쌓고 무엇보다 아이가 너무 상처받을 이야기는 하지 말아 주세요!

꼴찌라도 괜찮아! ★교과서 수록 도서

글, 그림 유계영, 김중석   출판사 휴이넘   연계 교과 국어 3

Q 수포자도 노력하면
수학을 잘할 수 있을까요?

책 속으로

움직이는 걸 싫어하는 기찬이는 안 그래도 운동회가 싫은데 제비뽑기에서 이어달리기 주자로 뽑혀 버렸다. 기찬이는 달리기를 잘하는 이호가 부러워진다. 친구들은 거북이도 기찬이보다는 빠를 거라며 수군대고, 이미 진 거나 마찬가지라며 아무도 응원을 하지 않는다. 기찬이는 이를 악물고 뛰지만 뒤처지기만 할 뿐이다. 그런데 그 자신만만하던 이호가 그만 배탈이 나 버렸다. 이호의 배 속에서 천둥처럼 큰 소리가 났고, 이호는 갑자기 운동장을 가로질러 뛰쳐나갔다. 이호가 화장실에 가 버리는 바람에 기찬이 다음에는 아무도 없었다.

기찬이는 어리둥절했다. 마지막 백군 선수보다 한발 앞서 나갔지만, 사실은 한 바퀴나 차이 나게 진 것이었다. 기찬이는 자신을 응원해 준 친구들 앞에서 웃음이 나왔다. 친구들도 모두 웃기 시작했다. 그렇게 모두 기찬이를 둘러싸고 웃으며 운동장을 달렸다.

시크릿한 책 속 비밀

대부분 학급에서 잘 뛰는 아이들이 계주 선수로 뽑힙니다. 아이들끼리 달리기를 통해 대표선수가 될 만한 남자 2명, 여자 2명을 선발하지요.

이 친구들이 전체 학년으로 모여 청군과 백군으로 달리기를 합니다. 이미 계주로 선발된 것만으로도 영광인데, 달리다 보면 계주끼리도 차이가 나고는 하지요. 지더라도 괜찮습니다. 이미 계주로 뛰는 것만으로도 칭찬받을 일이겠지요? 열심히 달릴 때 옆에서 들리는 응원과 마지막 주자를 향한 함성은 아이

들의 잊지 못할 경험이 되고는 합니다.

　초등학교에서는 체육을 잘하는 아이가 인기가 많습니다. 특히 남자아이들은 축구, 여자아이들은 피구가 그렇지요. 골 차는 연습, 공 잡는 연습만으로도 실력이 무척 향상됩니다. 그렇다고 못하는 아이들이 기죽을 필요는 없습니다. 저마다 가지고 있는 재능이 다를 뿐이지요! 무슨 일을 하든지 '꼴찌라도 괜찮아!'라고 먼저 이야기해 주면 좋겠습니다. 단 아이들의 자존감이 무너지지 않도록 자신이 좋아하고 노력하고 싶은 것 하나만큼은 길러 주면 좋겠습니다.

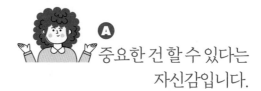

중요한 건 할 수 있다는 자신감입니다.

초등학교 5학년인데 수학적 사고가 늦게 트여서인지 구구단과 덧셈뺄셈이 어려운 친구가 있었습니다. 학업이 너무 뒤떨어지는 경우 교우관계에 어려움이 있을 수 있어 방과 후 매일 한 시간씩 저와 추가 공부를 했습니다. 아이는 처음에는 할 수 없다는 두려움이 있었으나 마무리할 때는 80점 이상의 점수를 얻게 되었습니다. 중요한 건 할 수 있다는 자신감입니다. 너무 빨리 '수포자'라고 말하며 스스로 포기하지 마세요.

• 아이들에게는 무한한 가능성이 있습니다. 지금 당장의 모습으로만 평가해 버리면 아이들의 잠재력을 과소평가하는 것이지요. 이런 부정적 평가를 자주 받은 친구들은 질 것 같으면 아예 도전조차 하지 않겠다고 합니다. 도전해야 성장할 수 있는데 말이지요. 함께하는 즐거움과 성장하는 기쁨을 느낄 수 있도록 지도해 주세요.

1. 1등도 꼴찌도 없는
감동적인 운동회 영상을 추천해요.

2. 『틀려도 괜찮아』를 추천해요.
(마키타 신지 글, 하세가와 토모코 그림)
집에서는 이야기도 잘하고 유치원에서 발표도 잘하지만 낯선 친구들과 선생님 앞에서 쑥스러워 경직되는 아이가 있습니다. 멋지게 대답하고 싶지만 틀릴까 봐, 친구들이 비웃을까 봐 망설이는 친구들에게 틀리는 걸 두려워하지 않도록 독려하는 책입니다.

3. 〈꼴찌를 위하여〉 노래를 추천해요.
(가수 사람과 나무)

- 1등이 되었을 때만 칭찬받은 아이는 계속해서 1등만 하고 싶어 합니다. '잘하지 못할 것 같아서 안 할래'라고 말하는 아이들도 많습니다. 잘하지 못할까 겁나서 시작조차 하지 않는 경우지요. 우리가 아이들에게 "잘해야만 도전하는 게 아니다"라는 가치를 가르쳐 주어야 합니다. 꼭 이겨야지만 자신감이 생기는 것은 아닙니다. 아이가 도전하려고 하면 칭찬과 격려를 마구마구 쏟아 주세요.
  체육대회를 하고 나면 "이겼어? 졌어? 달리기 몇 등 했어?"가 아닌, "재미있었어? 기억에 남는 하루였겠다! 엄마도 달리기할 때 정말 숨이 멎을 듯 뛴 적 있어!"라고 말해 주시면 경험과 노력들이 아이의 마음속에 꾸준히 쌓이게 될 것입니다. 해 보고자 하는 의욕, 주변의 격려, 잘 해내지 못했지만 노력했던 뿌듯함이 모여 그다음 일에 도전하고자 하는 마음이 생기게 됩니다.

아낌없이 주는 나무 ★교과서 수록 도서

글.그림 셸 실버스타인   출판사 시공주니어   연계 교과 국어 3

아낌없이 주는 부모님의 사랑을
느껴 보셨나요?

책 속으로

> 소년은 하루도 빠짐없이 나무에게 와서 떨어지는 나뭇잎을 주어 왕관을 쓰고 놀았다. 나무에 기어올라가 그네도 뛰고 사과도 따 먹고는 했다. 가끔 나무와 숨바꼭질도 하고 그늘에서 단잠을 자기도 했다. 소년은 나무를 너무나 사랑했고 나무는 행복했다. 그렇게 시간이 흘러가고 소년도 차차 나이가 들어갔다. 나무는 점점 혼자 있을 때가 많아졌다. 가끔씩 돌아온 소년은 돈, 집, 배까지 계속해서 나무에게 요구한다. 나무는 자신의 사과, 나뭇가지, 줄기 등을 아낌없이 내어주면서도 행복해한다.
>
> 오랜 세월이 지난 뒤 다시 돌아온 소년에게 나무는 남은 것이 늙은 나무 밑둥뿐이라며 미안해한다. 이빨도 빠지고 늙어 버린 소년은 더 이상 필요한 것이 없다고 한다. 앉아서 쉴 조용한 곳이면 충분하다는 소년에게 나무는 자신의 밑둥까지 내어주며 편히 쉬도록 한다. 소년이 앉자 나무는 행복해한다.

시크릿한 책 속 비밀

> 소년이 커 갈수록 나무에게 요구하는 게 많아지지만 나무는 묵묵히 모든 걸 내어줍니다. 모든 것을 주고도 미안해하는 나무를 보면서 혹시 우리 부모님의 모습이 떠오르셨을까요?
>
> 누군가에게 조건 없는 헌신적인 사랑을 받아 본 적이 있는 사람이라면 그 마음을 다시 되돌아볼 수 있는 소중한 시간이 되었을 겁니다. 실제로 이 책을 쓴 작가는 어린 시절 야구선수를 꿈꾸었지만 야구에 소질이 없음을 깨닫고 그

림을 그리고 글을 쓰기 시작했다고 합니다. 그에게 어린이 책을 쓰도록 권유한 사람은 유명한 프랑스 일러스트레이터 토미 웅게러였다고 하는데요. 그의 전폭적인 지지 속에서 『아낌없이 주는 나무』가 탄생했다고 합니다. 저자 셸 실버스타인에게는 토미 웅게러가 아낌없이 주는 나무였나 봅니다.

　나무는 신, 부모, 친구, 이웃, 그 모두에 해당합니다. 남녀노소 누구에게나 느낄 수 있는 사랑이지요. 독자마다 나무의 대상이 다르게 해석될 것 같은데 우리 아이들은 어떤 사랑이라고 느꼈을지 궁금합니다.

ⓐ 조건 없는 부모님의 사랑은 아이에게 큰 힘이 됩니다.

'네가 잘할 때만 너를 사랑해'가 아닌 '네 있는 그대로를 사랑한단다'라는 부모님의 말을 들은 친구는 살아가는 데 있어 큰 힘이 됩니다. 가수이자 변호사로 멋진 삶을 살고 있는 이소은은 실패를 할 때마다 아버지께서 축하카드를 써 주셨다고 하는데요. 앞으로 밑거름이 될 실패라고 축하받아 마땅하다고 하셨다네요. 아이를 향한 끊임없는 사랑과 지지는 아이를 위한 큰 나무가 될 것입니다.

부모와 아이의 인사이트 확장을 위한 TIP

• 이타적이고 무조건적인 사랑을 아가페라고 합니다. 있는 그대로의 상대를 사랑하는 사랑, 헌신적인 사랑을 의미하기도 하지요. 아가페를 비롯한 다양한 사랑의 종류를 살펴볼까요?

에로스: 애인을 향한 사랑
스토르게: 가족에 관한 사랑
크세니아: 낯선 자에 대한 사랑
필리아: 친구 간의 사랑
아가페: 인류를 품는 무조건적인 사랑

인사이트 팁 김 쌤이 나누고픈 한마디!

• 사람들은 자기 윤리와 가치관에 맞는 사랑을 하는데, 성인이 되어 상대와 나누는 사랑의 유형은 어릴 때 주된 양육자와의 애착 유형과 관계가 깊다는 연구가 있습니다. 즉 부모와 안정 애착을 가졌던 사람은 성인이 되어 열정적이거나 이타적인 사랑을 하는 비율이 높고, 유희적인 사랑을 하는 비율은 낮게 나타났다고 합니다.

• 『아낌없이 주는 나무』를 읽고 자신이 사랑받는 사람이란 걸 느끼는 시간이 되었기를 희망합니다. 여러분은 세상에서 가장 소중한 존재니까요. 지금까지 받은 아낌없는 사랑에 대해 생각해 볼까요?

1. 나에게 아낌없이 주는 나무와 같은 사람은 누구인가요?
2. 나무와 같은 사람이 있으면 어떤 기분이 들까요?
3. 자신에게도 아낌없는 사랑을 주고 싶은 사람이 있나요?
4. 아낌없이 사랑을 주는 감사한 분께 편지를 써 봅시다.

TO. 아낌없이 주는 (　　　　)

from.

칠판에 딱 붙은 아이들

글, 그림 최은옥, 서현   출판사 비룡소

상대를 투명인간 취급하는 게 가능할까요?

책 속으로

　세 박자로 불릴 만큼 친했던 박기웅, 박동훈, 박민수는 찰떡처럼 서로 붙어 다니는 단짝이었다. 그렇게 오랜 친구처럼 친하던 세 아이는 어느 날부터 서로 얼굴도 안 쳐다보는 사이가 되었다. 그렇게 서로의 오해가 풀리지 않은 채로 세 명은 청소 당번이 된다.

　선생님께 혼날까 봐 급히 칠판을 지우려던 아이들은 그만 칠판에 손이 딱 붙어 버린다. 아이들의 손을 떼기 위해 부모님과 선생님, 119구조대와 경찰, 박사, 무당 등 많은 사람이 줄지어 찾아온다. 칠판을 공급한 사람, 학교 건물을 지은 건설업체 등은 자기 책임이 아니라며 서로를 탓하기 바쁘다.

　같은 반 친구들도 손을 떼 주려고 주방세제, 비누 등을 가져와 다양하게 노력하지만 손은 떨어지지 않는다. 결국 세 아이들은 반 포기 심정으로 가려운 곳도 긁어 주고 서로에게 필요한 것들을 해 주면서 이야기를 나누게 된다. 이야기를 나누다 보니 점점 오해를 풀게 되고 함께 웃게 되었다. 그 순간 손이 간질간질하게 느껴지면서 그토록 떨어지지 않던 손이 칠판에서 툭 떨어지게 된다.

시크릿한 책 속 비밀

　제목을 들으면 어떤 생각이 먼저 드나요? 저는 부끄러움이 많아 당당히 발표하지 못한 채 뒷걸음질 치며 칠판에 딱 붙어 있는 아이들이 먼저 떠올랐습니다. 학교에는 그런 친구들이 꽤 많거든요. 이 책의 저자는 아이들의 손이 붙

어 버려서 어쩔 수 없이 서로 소통하면서 갈등을 해결하는 이야기를 선보였습니다.

대부분의 아이들은 그런 상황이 되면 '회피'합니다. 힘든 상황을 피하고 싶은 것이지요. 때때로 이런 회피는 어느 순간이 되면 아이들을 '외톨이'로 만들어 버립니다. 사실 정말 중요한 것은 '갈등' 그 자체를 없애는 게 아니라 갈등의 상황을 잘 해결해 나가는 것입니다. 자꾸만 회피하는 아이들에게는 이 책에서처럼 조금은 강제적으로 소통의 시간을 줄 필요가 있습니다. 편안한 장소와 시간을 택해 선생님께서 일부러 친구들을 남기기도 하니, 그런 상황이 닥쳤을 때 너무 당황하지 말아 주세요.

무엇보다 친구 관계의 문제가 생길 때 무작정 회피하기보다 소통을 통해 해결하도록 가정에서 지도해 주세요.

문제 해결 방법을 모른 채로 회피하면 더 큰 문제가 생길 수 있습니다.

계속해서 성가시게 하는 친구를 무시하고 투명인간 취급을 하라고 말하는 어머님이 계셨습니다. 과연 학급 내에서 그게 가능할까요? 바로 옆에 있는데 못 본 척 한다는 건 불가능한 일입니다. 그럴 땐 친구에게 명확하게 이야기할 수 있도록 연습시켜 주세요. 그럼에도 반복되면 선생님의 도움을 받아서라도 해당 문제를 해결하는 것이 더 큰 문제가 생기지 않도록 하는 방법입니다.

부모와 아이의 인사이트 확장을 위한 TIP

• 『칠판에 딱 붙은 아이들』을 읽고 친구 관계에서 느꼈던 다양한 일에 대해 고민해 보세요.

1. 교실에서 아무런 말도 하지 않은 채로 고개를 끄덕이거나 가로젓고, 필요할 때만 글자로 대답하는 친구가 있으면 어떻게 소통해야 할까요?

_____

_____

_____

2. 아무 말도 하지 않는 '침묵놀이'를 하면 어떤 느낌이 들까요?

_____

_____

_____

3. 화가 나고 삐진 상황에서 상대방의 어떤 말에, 어떤 태도에, 어떤 모습에 마음이 움직이는지 적어 봅시다.

_____

_____

_____

인사이트 팁 김 쌤이 나누고픈 한마디!

- 이 책을 쓴 최은옥 작가님은 어느 날 모든 사람들이 똑같이 스마트폰을 손에 쥔 채로 있는 모습을 보고 충격을 받았다고 합니다. 잠을 자는 몇 사람을 제외하고 아이도, 어른도, 연인도, 친구도 모두 자기만의 세계에 푹 빠져 있는 것에 놀랐다고 하지요. 바로 그 상황에서 이야기가 태어났다고 합니다. 스마트폰으로 대화하면서 진짜 소통을 잃고 있는 것이 사실입니다. 조금만 자세히 그 사람을 쳐다보면 진정으로 원하는 것을 알 수 있을 텐데, 문자에만 의지한 채 자신이 해석하고픈 대로 해석하고 있는 것이지요. 코로나19는 아이들에게 치명적인 소통의 부재를 안겼습니다. 아이들은 마스크 안에 표정을 감춘 채로 소통의 기본을 배우지 못하였지요. 상대와 이야기할 때는 말뿐 아니라 표정과 몸짓까지 모두 대화의 일부라는 것을 배우지 못했습니다. 앞으로 소통하는 데 더욱 많은 시간이 필요한 세대가 될 것으로 보입니다.

어린이를 위한 우동 한 그릇

글, 그림 구리 료헤이·다케모도 고노스케, 이가혜   출판사 청조사

Q 어느 정도의 호의를 베풀어야 상대가
감사하다고 느낄까요?

책 속으로

> 어느 섣달그믐날 밤, 북해정이라는 우동집에 가난한 세 모자가 들어왔다. 그
> 들은 우동을 각자 한 그릇이 아닌 셋이 한 그릇을 주문한다. 주머니 사정이 넉
> 넉하지 않아 나눠 먹을 마음으로 우동 한 그릇을 주문한 것이었다. 그런 모자
> 에게 주인은 티 나지 않게 반 인분의 우동을 더 담아 내어준다. 주인은 티 나지
> 않게 행동했지만 그 마음을 세 모자가 몰랐을 리 없다. 이후 아이들이 장성하
> 여 세 모자는 다시 북해정에 찾아온다. 그때의 감사의 마음을 전하며 이번에
> 는 각자 한 그릇씩 총 세 그릇의 우동을 주문한다.

시크릿한 책 속 비밀

> 가난한 모자의 주문에 상대가 기분 나쁘지 않을 정도의 호의를 센스 있게 베푸는 모습에서 감동이 느껴집니다. 과한 호의는 오히려 상대를 기분 나쁘게 할 수 있지만 상대를 배려한 적당한 호의는 모두를 만족시키지요.
>
> 최근 한 치킨집의 '돈쭐' 사건을 아시나요? 금액이 부족하지만 치킨을 먹고 싶어 하는 형제에게 치킨을 제공하고 그 뒤에도 여러 번 대접했다는 가게 사장님을 위해 감사함을 표현하고 싶은 사람들이 전국에서 주문과 후원을 한 일이 있었습니다. 사장님 덕분에 상대는 수치스러움보다 감사함을 더 느낄 수 있었고, 이는 더 좋은 긍정적 효과를 가지고 왔지요.
>
> 물질적으로 넉넉한 것보다 마음이 넉넉한 것이 진정으로 아름답다는 사실을 아이들과 생각해 보면 좋겠습니다. 도움이 필요한 사람에게 베푸는 호의 등으로 보다 따뜻한 세상이 될 수 있다는 것을 아이들이 느낄 수 있게 해 주세요.

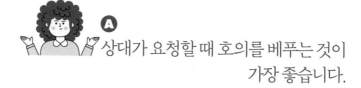

상대가 요청할 때 호의를 베푸는 것이 가장 좋습니다.

가끔 교실에서는 지나치게 호의를 베푸는 친구들이 있습니다. 더 심해지면 다툼이 생기기도 하지요. 상대가 가르쳐 달라고 하지 않았는데도 나서서 문제를 풀어 주기도 하고, 부탁하지 않았는데도 옆 친구의 책상 줄을 바꾸어 놓습니다. 자신은 좋은 의도로 한 것이라고 생각하지만 그것은 호의가 아닌 자신의 만족인 경우가 많습니다. 친구에게 가장 도움을 주어야 할 때는 상대가 요청할 때라는 것을 지도해 주세요.

• 뭘 해도 불만인 사람은 어떤 것이 문제일까요? 이 물음에 대해 미국의 심리학자인 마셜 로젠버그는 'Please' 혹은 'Thank you'로 듣도록 제시합니다. 상대방의 말이 왜곡해서 들린다면 모든 말을 부탁이나 감사의 말로 바꿔 들어 보자는 것이지요.

가령 아이들이 "엄마는 알지도 못하면서 그래"라는 말을 하면 무척 기분이 나쁘겠지만 부탁 또는 감사의 말로 바꿔 보는 겁니다. 부탁으로 바꾼다면 "엄마, 제가 컸으니 이제 혼자의 힘으로 해결해 보고 싶어요"라고 해석할 수 있습니다. 감사로 해석하면 "엄마, 지금까지 저에게 주셨던 관심들에 감사해요"로 생각하는 것이지요.

아이의 말에 바로 감정이 상하는 대신 부탁이나 감사의 말로 바꾸어 보면서 아이들과 긍정적인 관계를 형성해 나가시기를 바랍니다.

• 〈1분의 배려〉 영상을 보고 자신이 할 수 있는 것들을 적어 보세요.

〈1분의 배려〉 영상

시간(초)	내 주변을 행복하게 만들기 위해 내가 할 수 있는 일

꼴뚜기

글, 그림 진형민, 조미자   출판사 창비

Q '용기'는 어떤 것일까요?

책 속으로

5학년 3반 아이들 사이에서 '꼴뚜기'라는 별명은 아무도 얽히고 싶지 않은 단어이다. 혹시라도 꼴뚜기와 연관될까 봐 급식 반찬도 먹지 않고, 노래 가사도 그 부분만 빼고 부를 정도이다. 그러던 어느 날, "어물전 망신은 꼴뚜기가 시킨다"라는 속담을 예시로 들었던 김소정이 놀림감이 된다. 김소정은 그 뒤로 아이들을 피하면서 말수가 줄어들고 점점 소심한 아이가 되어 버린다.

다음 꼴뚜기는 엄마가 꼴뚜기 반찬을 해 주었다는 이유로 박용주가 되었다. 목덜미까지 화끈거리게 부끄러워진 박용주도 영락없이 놀림감이 되었다. 이후 꼴뚜기는 계속 바뀐다. '독도는 우리 땅' 노래를 부르다가 꼴뚜기 파트를 입밖으로 내어 버려서, 그림에 꼴뚜기를 그려서 아이들은 하나둘 꼴뚜기가 된다. 그렇게 계속 다음 꼴뚜기가 정해지는 가운데 모두들 꼴뚜기가 되지 않으려고 애를 쓴다. 도대체 아이들은 언제까지 꼴뚜기에게 끌려다녀야 할까?

담임 선생님은 아이들이 편식하는 걸로 오해하고 꼴뚜기를 요리해서 아이들에게 준다. 아이들은 아무도 먹지 않고 서로 눈치만 보는데, 길이찬은 용기 있게 포크를 들고 꼴뚜기 접시에 내리꽂는다. 꼴뚜기는 게임은 이제 끝난 것일까?

시크릿한 책 속 비밀

5학년 3반에서 '꼴뚜기'는 집단 놀림의 대상자를 일컫습니다. 그들만의 은어인 셈이지요. 이 책에서는 꼴뚜기가 소재이지만 학교에서는 그 대상이 '혼자 노는 아이'일 수도 있고, '다문화 가정 아이'일 수도 있습니다. 집단 놀림의

118 현직 교사가 알려 주는 심리 도서 50

기준이 정해지면 그 누구도 피해갈 수 없지요. 대놓고 놀리는 상황도 있지만 그보다 지도하기 힘든 것은 은밀하게 따돌려지는 상황입니다. 눈에 띄게 문제 행동을 하면 바로 지도할 텐데 '은따'는 자세히 보지 않으면 파악하기 어렵습니다.

저는 쉬는 시간에 혼자 노는 친구가 있는지 유심히 살핍니다. 그런 친구 중에는 정말 혼자 노는 게 편한 친구도 있고 조금 쉬어야 컨디션을 회복하는 친구도 있습니다. 그런 친구들은 문제가 되지 않습니다. 그러나 한 친구가 오면 함께 놀던 아이들이 무리지어 갑자기 자리를 피해 버리는 것들은 자세히 보지 않으면 놓치기 쉽습니다.

따라서 부모님은 내 아이가 학교생활에 문제를 겪는 건 아닌지 면밀히 살펴주세요. 무엇보다 주변 친구 중에 따돌림으로 힘들어하는 아이가 있다면 도와줄 수 있는 방법은 없을지 함께 이야기해 보면 좋겠습니다. 길이찬처럼 어느 하루는 용기를 낼 수 있게 아이의 마음 근육을 키워 주세요.

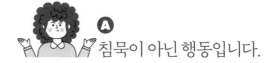

침묵이 아닌 행동입니다.

진정한 용기가 어떤 것인지 생각하게 하는 요즘, '아니다'라고 당당히 말할 수 있는 용기를 내기 힘든 것도 사실입니다. 달지 선생님의 '잔소리' 노래에서처럼 '겁이 많을 순 있지만 비겁하지는 말자'고 아이들에게 이야기하고 싶습니다. 아니라고 생각하는 것에는 침묵이 아닌 행동으로 보여 줄 수 있는 용기를 기대합니다.

인사이트 팁 김 쌤이 나누고픈 한마디!

• 집단 따돌림을 주도하는 친구들은 공감 능력과 사회성이 부족한 경우가 많습니다. 좌절을 느끼게 되면 약자를 찾아 분노를 표출하지요. '편 가르기'와 '따돌림'으로 자신을 정당화하면서 힘과 소속감의 욕구를 충족합니다. 때로는 피해자였던 아이가 가해자로 자신의 아픔을 똑같이 되갚아 주는 경우도 있습니다.

최근 연예인으로 유명해진 이후에 학창시절 집단 따돌림의 주동자로 지목되어 한순간 나락으로 빠진 아이돌이 꽤 많습니다. 어렸을 적에 한 잘못이라고 선처를 바라지만, 그 당시 피해자들은 더 큰 처벌을 요구하고 있지요. 그만큼 상처가 오랜 기간 남아 쉽게 지워지지 않기 때문이겠죠. 결국 집단 따돌림의 최종 피해자는 원가해자라는 것을 아이들에게 인지시켜 주세요. 한순간의 잘못이 인생 전체를 흔들 수 있으며 평생 자신의 과오에서 자유로울 수 없다는 사실도요.

공감 능력, 사회성 부족

부모와 아이의 인사이트 확장을 위한 TIP

• 학교폭력 관련 도움 기관을 소개합니다. 혼자 힘들어하지 말고 여러분을
  위해 기다리고 있는 단체에 도움의 손길을 내밀어 주세요.

1. 학교의 Wee클래스나 지역교육청(교육지원청)의 Wee센터
2. 117 학교폭력 신고센터
3. 청소년 전화 1388
4. 각 지역 청소년 상담복지센터
5. 푸른나무재단(청소년폭력예방재단)
6. 청소년 비행예방센터(청소년꿈키움센터)
7. (성폭력 관련) 해바라기 아동센터

마법의 설탕 두 조각

글, 그림 미하엘 엔데, 진드라 케펙   출판사 소년한길

아이들은 부모님의 말씀을
잘 들어야 할까요?

책 속으로

렝켄의 부모님이 렝켄에게 가장 많이 하는 말은 "안 돼"이다. 렝켄은 현실에 대한 불만을 부모님께 말씀드려도 해결되지 않자 요정을 찾아간다.

요정은 렝켄의 말에 공감하며 부모님을 마음대로 할 수 있는 키가 작아지는 각설탕 두 개를 준다. 렝켄은 앞으로 어떤 일이 벌어질지 모르는 채 오로지 부모님을 내 마음대로 하고 싶다는 생각만 하게 된다. 부모님이 나보다 작아져서 내 마음대로 할 수 있는 자유를 얻고 싶기 때문이다.

그런데 부모님이 너무 작아져 버리자 혼자 아무것도 할 수 없다는 사실을 알게 된다. 많은 것을 스스로 책임져야 하는 것은 물론이다. 요정에게 다시 찾아가 부모님을 원래대로 돌려달라고 하자, 요정은 렝켄이 부모님의 말씀을 거역할 때마다 작아질 것이라고 말한다. 렝켄은 이제 자신의 선택에 따른 결과를 알게 되었기에 앞으로 문제해결은 요정이 아닌 부모님과 대화를 통해 해결하고자 한다. 렝켄은 부모님의 말씀을, 부모님은 렝켄의 말을 무턱대고 반대하지 않고 서로의 입장에서 이해하기 시작한다.

시크릿한 책 속 비밀

자녀와 부모 간에 입장 바꾸기가 때때로 필요합니다. 아이 입장에서 부모님은 갖고 싶은 걸 사겠다고 해도 안 된다고 하고, 좀 더 놀고 싶어도 안 된다고 하고, 안 자고 놀고 싶을 때도 자라고 하니까 말이지요. 단순히 '안 돼'만으로 아이들은 납득하기가 어렵습니다. 게임에 빠진 아이에게도 그만하라고 다그

처 봤자 듣지 않지요. 이럴 때는 우선 더 놀고 싶어 하는 아이의 마음을 어루만져 주시고, 내일 활동을 위해 그만해야 된다는 것을 알려야 합니다. 그리고 다툼 이전에 만들어 놓았어야 할 '하루 30분만(가정에 따라) 사용하기' 등의 원칙을 이야기하며 아이 손으로 직접 게임기를 끄도록 유도해야 합니다.

'무조건 안 돼'라고 하기보다 규율과 규칙, 약속을 정해 두고 아이가 스스로 그 약속을 지키고 있는지 점검해야 합니다. 이는 아이가 사춘기가 되었을 때 부모와 대화가 단절되는 것을 막을 수 있는 방법이기도 합니다.

착한 딸, 아들 신드롬에서 벗어나도록 해 주세요.

부모님 말씀을 잘 듣고 착하게 행동하면 칭찬을 받지요. 부모님의 말씀을 거스르면 나쁜 아이가 되는 것 같고 부모님이 속상해하시니 마음 아파하는 친구들이 있습니다. 그런데 문제는 부모님 말씀을 열심히 듣는 것이 부모님 때문이라는 핑곗거리가 될 수 있다는 것입니다. 자신이 온전한 책임을 지지 않다 보니 어떻게든 해내려는 의지도 약해질 수밖에 없습니다.

인사이트 팁 김 쌤이 나누고픈 한마디!

- 용돈을 주고 나면 어디까지 자유를 허락해야 할까요? 경제교육을 진행하며 아이들이 구입한 것을 보면 '이걸 굳이 돈 주고 사야 할까?' 싶은 것들도 있습니다. 그런데 일부러 눈감아 줄 때가 많습니다. 자신이 열심히 모은 돈이라면 그 범위 내에서 자유를 느낄 수 있게 해 주어야 하기 때문이지요. 그렇지만 이 자유가 부모님 모르게 계속 되어서는 안 됩니다. 어떤 것을 샀고, 어디에 돈을 썼는지 대화를 통해 확인하셔야 합니다. 또한 이 과정은 반드시 용돈 기입이라는 과정을 거쳐야 합니다. 내 꺼니까 내 마음대로 하는 게 자유가 아니라, 그 자유에는 책임이 따른다는 것을 가르쳐 주어야 합니다. 그런 점에서 저는 '게임현질', '구글 플레이카드' 등을 용돈으로 사는 것을 허락하지 않습니다. 현질은 아이들을 게임에 길들여지게 하는 가장 큰 수단입니다. 한 번 쉽게 아이템을 얻고 나면 그 뒤에도 계속 사고 싶은 욕망이 생기지요. 그렇게 자신의 용돈을 쓰고 나서 사이버 머니처럼 남겨진 아이템은 누군가가 구입을 해 주기 전까지 잠자고 있어야 합니다. 시간과 돈이 소비된다고 보기 때문에 저의 가정에서는 현질 금지 원칙을 정했습니다.
  가정만의 원칙을 정해서 그 경계 속에서 자유를 느끼게 해 주실 필요가 있습니다. 특히 돈과 시간은 아주 중요하다는 사실을 강조해 주세요.

출처: 『초5 용돈 다이어리』

- 집에서 지켜야 하는 규칙에는 어떤 것들이 있을까요? 가족과 이야기를 나누며 정해 보세요.

우리 집 시간 규칙

예시)

1. 독서하는 시간은 매일 1시간으로 한다.
2. 숙제를 다 해 놓고 나서 논다.
3. 게임하는 시간은 일주일에 3시간 이내로 한다.

1. _____

2. _____

3. _____

우리 집 용돈 규칙

예시)

1. 용돈은 학년+1000원씩 매주 받는다. (5학년은 6000원)
2. 받은 용돈은 3:3:3:1의 법칙으로 나누어서 보관한다.
   (저축 3, 소비 3, 투자 3, 기부 1)
3. 용돈을 더 받고 싶으면 홈 아르바이트를 한다.

1. _____

2. _____

3. _____

아주 특별한 우리 형

글, 그림 고정욱, 김효은   출판사 대교북스주니어

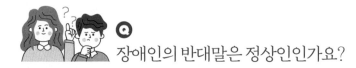

Q 장애인의 반대말은 정상인인가요?

책 속으로

외동인 줄 알았던 종민이에게 나타난 장애를 가진 형. 뇌성마비 장애를 가진 형은 일그러진 얼굴과 팔을 제멋대로 움직이며 휠체어를 타고 다닌다. 형이 부끄러운 동생 종민이는 지금까지 형을 숨겨 온 부모님에 대한 원망과 혼란스러움으로 방황한다. 그래서 집도 뛰쳐나갔다. 뇌성마비 장애인 형과 철없는 동생 종민이의 행복 찾기는 시간이 필요했던 것이다. 장애가 있기에 더욱 용기를 낼 수밖에 없는 형을 보며 종민이는 조금씩 장애인에 대한 새로운 시각을 갖게 된다.

어느 날 종민이 형이 위험에 처했다. 언덕을 올라갔는데 부모님이 잠시 자리를 비운 사이 휠체어가 언덕 아래로 내려가기 시작한 것이다. 자신의 몸을 던져 형 종식이를 구한 종민이. 종민이에게 형은 아주 특별했기 때문이다. 그렇게 형에 대한 종민이의 마음의 벽이 허물어진다.

용기　사랑

시크릿한 책 속 비밀

　　자신이 장애인이라서 미안하다고 말한 형 종식이의 마음은 어땠을까요? 자신이 장애를 가진 게 다른 사람에게 사과할 일일까요? 학급에는 ADHD, 소아우울, 선택적 함묵증, 학습장애 등 조금은 특별한 친구들이 늘 있습니다. 저는 매년 특별한 아이들을 맡았습니다. 학급 배정을 할 때 장애로 판정받은 특수아동을 지도하고자 하는 교사는 반 선정에서 우선권을 갖기도 합니다. 특수아동을 맡는 것이 결코 쉬운 일이 아니기 때문이지요. 이런 경우에는 담임교사가 특수교육을 이수했거나 장애에 대한 이해가 높은 경우 훨씬 수월하게 아이들을 지도할 수 있습니다. 간혹 낙인을 우려하여 장애를 담임 선생님께 숨기는 경우도 있는데, 솔직하게 말씀해 주는 것이 훨씬 더 도움이 됩니다. 화가 나면 분노를 참지 못해 뛰쳐나가려는 아이를 가르치던 저에게 학부모님께서 "○○는 그럴 때 팔을 잡아당겨서 안으시면 진정이 됩니다"라는 말씀을 해 주신 것이 저에게 큰 도움이 되었지요.

비장애인이라고 합니다.

예전에는 장애가 없다는 의미에서 '정상인'을 반대말로 보았지만, 최근에는 장애인에 대한 그릇된 인식을 심어 줄 수 있어서 '비장애인'이라는 단어를 쓰고 있습니다. 사전에 등재된 단어는 아니지만 이제는 더욱 보편적으로 사용하고 있습니다. 학급에 장애가 있는 친구가 있으면 비장애 친구들이 서로 도와주며 어우러져 살 수 있기를 희망합니다.

• 2022년 방영되어 인기를 끈 드라마 〈이상한 변호사 우영우〉에서 주인공
은 아스퍼거 증후군(자폐스펙트럼)을 갖고 있습니다. 예전에는 크게 장애라
고 인식하지 못해서 그 아이들이 무리에 섞여 적응하는 데 많은 어려움이
있었습니다.
저의 학급에도 아스퍼거 장애를 가진 친구가 있었는데, 수학적 지능과 컴
퓨터 능력이 뛰어나서 프로그래머를 꿈꾸었습니다. 예전에는 악보를 외
워 버리고 20년 뒤 날짜의 요일을 맞추는 아이들을 보며 천재라고 생각한

경우도 많았다고 합니다. 그러나 이제 이런 것들이 '서번트 신드롬'이라는 것을 알게 되었지요. 결국 아이가 우리 사회에서 어떤 구성원의 모습으로 자리 잡을 수 있을지 고민해야 합니다. '장애가 있기 때문에 무조건 못 할 거야'가 아닌, 그 친구의 가능성을 봐야 합니다. 이 친구들의 행동은 틀린 게 아닌 다른 것일 뿐이니까요. 약자에 대한 인식을 바꾸어야 합니다. 그 아이들이 사회 안으로 나올 수 있도록 조금 더 손을 내밀어 주세요.

부모와 아이의 인사이트 확장을 위한 TIP

- 방송에 보도된 특수학교 설립 관련 뉴스를 듣고 선생님이 기자가 되어 기사를 작성해 보았어요. 다음 기사를 읽고 함께 생각해 볼까요.

> 지난 3일 저녁 8시 경, 서울 한 초등학교 강당에서 장애 아동을 위한 특수학교 설립을 호소하며 학부모들이 무릎을 꿇는 사건이 일어났습니다.
>
> 공립 특수학교 신설 2차 주민 토론회에는 장애인 자녀를 둔 부모와 학교 설립에 반대하는 주민들의 열띤 토론이 진행되었습니다.
>
> 전국장애인부모연대 서울지부 대표는 "우리 아이들도 공부할 권리가 있고 장애가 있더라도 배움을 멈추어서는 안 된다"라고 발언하였습니다. 그러나 주민들은 "특수학교 설립은 필요하다고 생각하지만 우리 지역에는 안 된다"라고 반대하였습니다.
>
> 4시간이 넘는 토론 동안 "당신이 뭘 아느냐!"라며 소리를 지르는 주민, "절대 안 돼"라는 피켓을 든 모습도 보였습니다.
>
> 장애 아동 학부모들은 "때리는 대로 맞겠으니 제발 아이들이 학교를 다닐 수 있게만 해 달라"라며 눈물로 호소하기도 했지만 갈등은 증폭되었습니다. 주민들의 격렬한 반대가 이어지자 결국 장애 아동 학부모들은 주민들을 향해 무릎을 꿇고 고개를 숙였습니다. 이에 일부 반대 측 주민들은 "쇼 하지 마!"라며 소리치기도 했습니다. 결국 주민토론회는 파행 속에 끝이 났고 서울시에서 가장 많은 특수교육 대상자가 거주하고 있는 ○○구에서는 집값이 떨어질 것을 우려한 일부 지역 주민들의 반발로 사실상 무산된 상태입니다.

1. 이 기사에서 나타난 문제 상황은 무엇인가요?

_____

2. 특수학교 설립을 반대하는 측과 찬성하는 측은
   어떤 이유 때문인가요?

_____

3. 같은 상황이라면 자신은 어떻게 할지 의견을 적어 보세요.

_____

조커, 학교 가기 싫을 때 쓰는 카드

글, 그림 수지 모건스턴   출판사 문학과지성사

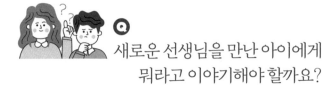

새로운 선생님을 만난 아이에게 뭐라고 이야기해야 할까요?

책 속으로

　　뚱뚱한 흰머리 할아버지 선생님 노엘. 그는 첫 시간부터 조커 카드를 아이들에게 나누어 준다. 조커 카드는 아이들이 싫어하는 것을 안 할 수 있는 카드이다. 잠자리에서 일어나기 싫을 때 쓰는 조커, 지각하고 싶을 때 쓰는 조커, 거짓말하고 싶을 때 쓰는 조커까지 노엘 선생님은 마치 산타할아버지처럼 아이들에게 선물을 준다. 아이들은 학교에 가기 싫을 때 쓰는 조커는 쓸 필요가 없다. 수업이 너무 재미났으니까. 그러나 교장 선생님은 이를 탐탁지 않아 한다. 교장 선생님의 불호령에 노엘 선생님은 계속해서 불려 다닌다. 노엘 선생님은 교장 선생님께 미소 지을 때 쓰는 조커, 자신을 기쁘게 하고 싶을 때 쓰는 조커, 해변을 산책하고 싶을 때 쓰는 조커 등을 주며 즐겁게 살기를 바라는 바람을 전한다. 그럼에도 불구하고 노엘 선생님은 결국 학교를 그만두게 된다. 노엘 선생님은 마지막까지 아이들에게 의미 있는 조커를 가르쳐 준다. 살기 위한 조커, 언어를 배우기 위한 조커, 행복해지기 위한 조커, 결정을 내리기 위한 조커 등 탄생과 동시에 받게 된 조커들을 사용하는 게 좋겠다고 알려 준 것이다. 샤를르는 노엘 선생님에게 '행복하고 영예로운 은퇴생활을 위한 조커'를 드린다. 그리고 선생님은 아이들 모두에게 뽀뽀를 한다.

시크릿한 책 속 비밀

　　부모님이 섹스를 하지 않았다면 너희들은 지금 없었을 거라고 말하는 선생님이 계시다면 여러분은 어떻게 대처할 것 같으세요? 노엘 선생님은 왜 이런

말씀을 했을까요?

최근 교육현장에서는 바른 교육 가치관을 갖고 있어도 입 밖으로 내뱉기가 어려운 말이 많습니다. 바로 민원 때문이지요. '교사로서 그런 말을 하면 되나요? 교사가 그런 복장을 하면 되나요?' 등 많은 민원으로 인해 교사들의 행동이 좁혀지고 있습니다.

이 책을 학교에서 읽었을 때도 민원을 받았습니다. 다른 교육적인 내용은 빼고 딱 꽂힌 단어 '섹스' 때문이었지요. '이 책을 왜 학교에서 선정했느냐, 왜 어린아이가 이 단어를 들어야 하느냐, 어떻게 성교육을 할 것인지 계획을 말해 달라'는 등의 질문에 정말 오랜 기간 답변을 해야 했습니다.

그럼에도 불구하고 이 책은 왜 의미가 있을까요? 왜 아이들은 노엘 선생님을 좋아했을까요? 마음대로 할 수 있는 조커를 주었는데도 왜 아이들은 학교에 가기 싫을 때 쓰는 조커를 쓰지 않았을까요?

Ⓐ 선생님에 대한 기대감을 가지고 믿을 수 있도록 지도해 주세요.

새로운 학년으로 올라갔을 때 아이에게 선생님이 예쁜지, 남자 선생님인지, 나이가 얼만큼 많은지, 나이가 얼마나 어린지 등을 묻는 분들이 많습니다. 그러나 선생님에 대한 외모 관련 평가보다 기대감으로 믿고 맡기는 자세가 필요합니다. 부모님의 말 한마디가 아이에게는 선입견으로 자리 잡히는 경우가 많기 때문이지요. 우리 아이가 심리적으로 편안하게 학교생활을 할 수 있도록 협조해 주세요.

• 우리 친구들은 어떤 조커를 만들어 보고 싶나요? 자기 시간을 갖고 싶을 때 쓰는 조커? 친구들과 밤새도록 놀 수 있는 조커? 자신이 이루고 싶은 조커를 만들어 보세요.

자기 시간을 갖고 싶을 때
쓰는 조커

- 가장 기억에 남는 선생님을 떠올려 보고, 그 분께 편지를 써 보세요.

선생님께

_____

_____

_____

_____

_____

_____

_____

_____

_____

_____

20   년   월   일

올림

우리 반 선플 특공대

글, 그림 고정욱, 한재홍   출판사 북스토리아이

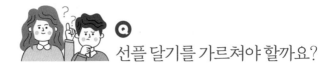

선플 달기를 가르쳐야 할까요?

책 속으로

고물상을 운영하는 유성이네 가족은 소중한 자원을 아껴 쓰고 재활용을 한다는 사실에 자부심을 가지고 있다. 유성이는 그런 가족을 부끄러워하지 않고 고물상에 있는 물건들로 신기한 발명품을 만들어 낸다. 그렇게 '절약형 연필'을 발명하게 된 유성이는 전국학생발명대회에서 대상을 수상하게 된다. 칭찬 기사가 나오는 가운데, 점점 악플이 달리면서 유성이는 마음에 상처를 얻는다. 닉네임은 다 엉터리였는데, 익명성을 담보로 한 악플에 유성이는 세상이 두려워지기까지 한다. 선생님의 훈계에도 계속해서 악플이 멈추지 않자 유성이는 정신과 치료까지 받게 된다. 사이버 수사대 신고까지 운운하고 나서야 아이들의 악플은 꼬리를 감추고, 선생님의 지혜로 선플 달기가 시작된다. 이를 통해 유성이의 마음이 조금씩 열리고 힘을 얻게 된다. 이후 진심 어린 친구의 사과에 눈 녹듯 마음이 풀려 눈물을 흘리는 유성이. 친구들의 진정 어린 사과와 용서를 구하는 모습으로 이야기는 훈훈하게 마무리 된다.

시크릿한 책 속 비밀

친구와 싸운 후 아직 마음이 풀리지 않았는데 주변에서는 섣불리 이야기하지요. "이제 그만 용서해 주는 게 어때?" 아이들은 자신의 마음이 풀리면 언제 그랬냐는 듯 어우러져 놉니다. 제아무리 부모님이 놀지 말라고 해도 아이들은 마음이 맞으면 놀기 마련입니다. 그러니 아이가 여전히 뾰루퉁해하고 눈물을 보인다면 잠시 놔두는 게 좋습니다. 아이의 마음이 스스로 풀리는 시간이 필요하기 때문이지요.

실제로 학교에서도 무조건 아이들을 화해시키거나 용서를 구하도록 하지 않습니다. 서로 납득할 만한 사유를 이야기하고 상대방의 관점을 이해하고 마음을 읽은 후에 화해를 시키지요. 아이의 마음을 충분히 공감해 주고, 조금씩 넓은 마음으로 상대의 입장을 배려하는 것으로 이어지도록 확장하는 과정이 필요합니다. 조급하게 무조건 마음부터 풀라고 하지 말아 주세요.

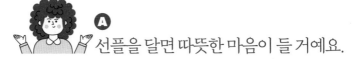

ⓐ 선플을 달면 따뜻한 마음이 들 거예요.

악플의 반대말인 선플은 '善reply, sunfull'이라는 의미를 가집니다. '착한 댓글'과 '햇살 가득한(full of sunshine)'을 합친 말이지요. 인터넷 마녀사냥으로 스스로 세상을 떠나는 이들이 늘어나면서 선플 운동이 촉진되었습니다. 장점 찾기, 칭찬하기 등의 활동으로 친구와의 관계가 개선되듯이 선플 달기 운동은 하면 할수록 따뜻해지는 마음을 느낄 수 있습니다.

인사이트 팁 김 쌤이 나누고픈 한마디!

• 매년 유명 연예인들과 정치인들이 악플을 못 이겨 스스로 생을 마감합니다. 이런 기사를 접하는 아이들은 악플에 대한 방어보다 악플로 인한 자살을 더 크게 기억하게 됩니다. 사이버폭력은 멈추어야 합니다. 살아 있는 사람을 순식간에 죽은 사람으로 만들고, 실제 하지 않는 이야기가 진실처럼 퍼져 나갑니다. 문제는 이게 단순히 연예인들의 이야기만이 아니라는 것입니다. 우리 주변일 수도, 나일 수도, 내 아이의 문제일 수 있지요. 만약 내 아이가 사이버폭력을 당하고 있다면 어떻게 해야 할까요?

첫 번째로 해야 할 것은 '증거 수집'입니다. 가장 좋은 방법은 화면을 캡처하는 것입니다.

두 번째로 해야 할 것은 단체 카톡의 경우 카톡방에서 나오기, 카페, 블로그, 유튜브의 경우 댓글 신고하기입니다.

세 번째로 해야 할 것은 선생님께 상담하기입니다. 확실한 괴롭힘인 경우 학교폭력으로 사안이 접수될 것이기에 꼭 학교폭력 담당 선생님을 찾아가지 않더라도 담임 선생님을 통해 접수할 수 있습니다.

아이들이 이유 없이 짜증을 내고 힘들어하는 경우 '사춘기'라서가 아니라 사이버폭력 등으로 어려움을 겪고 있는 건 아닌지 알기 위해서라도 평상시 꾸준히 대화를 나누어 주세요.

추천 영상 <미르 최악의 날! 악플 달다!>

• 선플 선언문을 작성하고 실천해 보세요.

선플 선언문

이름 (   )

하나, 선한 내용의 선플만을
작성하겠습니다.
둘, 사이버 공간에서 욕설, 비방 등을
하지 않겠습니다.
셋, 주변 친구들에게도
선플 달기를 권하겠습니다.

(   )년 (   )월 (   )일

발레 하는 할아버지 ★2014 개정 교과서 수록 도서

글, 그림 신원미   출판사 머스트비   연계 교과 국어 3

Q 주 양육자가 할머니인데
괜찮을까요?

책 속으로

주인공 남자아이는 엄마를 조르고 졸라 할아버지와 함께 통학한다는 조건으로 발레를 배울 수 있게 되었다. 할아버지는 왜 남자아이가 그런 걸 배우는지 이해할 수 없고, 주인공은 발레를 '빨래'라고 하는 할아버지가 싫다.

그러던 어느 날 발레를 하던 중에 창문 밖에서 땀을 흘리며 발레를 따라 하는 할아버지를 보게 된다. 할아버지는 쿵 소리가 나고 넘어지는데도 열심히 발레 동작을 따라 하고 계셨다. 알고 보니 할아버지는 손자가 집에서 발레를 연습할 수 있도록 알려 주시기 위해 노력한 것이었다.

발레를 너무나 좋아하는 손자를 위해 아픈 것도 참아 가며 동작을 익히고 있었던 할아버지. 할아버지의 사랑을 느낀 손자는 그토록 잡기 싫어하던 할아버지의 손을 힘껏 잡으며 집으로 향한다.

시크릿한 책 속 비밀

하굣길에 엄마가 마중을 나와 있으면 너무나도 반갑게 달려가는 아이들을 보곤 합니다.

그런데 엄마가 아닌 할머니께서 마중을 나왔다면? 대부분 아이들이 속상해 하곤 하지요. 그런데도 가끔씩 "할머니!" 하며 즐겁게 뛰어가는 아이들이 있습니다. 할머니, 할아버지를 반기면서 함박웃음을 짓지요. 놀이터에도 할머니 손을 잡고 즐겁게 갑니다. 연신 학교 이야기를 전하며 할머니와 대화를 이어 나가지요. 책 속에서 아이는 할아버지의 손을 잡고 다니는 것을 창피하게 느

껎지만, 할아버지의 진심 어린 사랑을 느끼곤 아주 세게 할아버지의 손을 잡게 됩니다.

우리가 아이들에게 길러 주어야 할 것은 이런 마음이겠지요? 연세가 많으셔도, 대화가 잘 통하지 않더라도, 할머니, 할아버지의 사랑을 온전하게 느끼는 마음 말이지요. 아이들은 어릴 적 받은 많은 사랑으로 건강하고 올바르게 성장할 수 있습니다.

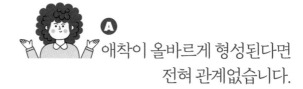

애착이 올바르게 형성된다면 전혀 관계없습니다.

워킹맘의 경우 주 양육자가 엄마가 아닌 경우가 많습니다. 아이의 양육 대상이 꼭 엄마여야 할 필요는 없습니다. 다만 안정 애착을 가질 수 있도록 할머니와 엄마가 같은 교육관과 양육 방식으로 아이를 대해 주셔야 합니다. 예를 들어, 엄마는 아이를 바르게 눕혀서 기저귀를 가는데 할머니는 엎어서 기저귀를 가는 것도 아이에게는 혼란을 줄 수 있다고 해요. 아이가 혼란스럽지 않게 일관성 있는 양육관을 지켜 주세요.

부모와 아이의 인사이트 확장을 위한 TIP

• 핵가족화가 되면서 조부모님을 뵐 날이 많지 않습니다. 조부모님과의 관계를 잘 유지하는 방법으로 어떠한 것이 있을까요?

1. 일주일에 한 번씩 직접 전화드리고 안부 묻기
2. 매월 마지막 주말은 할아버지, 할머니 찾아뵙기
3. 옛 전통 놀이(제기차기, 윷놀이, 연날리기, 공기, 고누 등)를 하면서 친해지기
4. 생신 때는 작은 선물이라도 직접 사서 드리기
5. 선물과 함께 카드 또는 편지를 쓰기

이외에도 조부모님은 손주, 손녀에게 사랑을 표현할 수 있도록 준비하시고, 아이들은 존경의 마음을 전해 드릴 수 있도록 하면 좋습니다. 이 과정에서 가장 중요한 건 바로 부모님의 역할입니다. 세대 간의 소통의 장이 되기 위해 부모가 먼저 모범을 보이시고 중간다리 역할도 잘 해 주셔야 합니다.

- 할머니, 할아버지와 헤어지는 것이 너무나도 아쉬운데 이제는 엄마와 함께 집으로 가야 할 시간이 되었습니다. 여러분이라면 어떤 인사말을 드릴지 적어 볼까요?

가방 들어주는 아이 ★교과서 수록 도서

글, 그림 고정욱, 백남원   출판사 사계절   연계 교과 국어 4

Q 장애가 있는 친구들은
특수반에서 종일 수업하면 안 되나요?

책 속으로

걷지 못하는 장애를 가진 영택이. 영택이의 가방을 들어주라는 지시를 받게 된 석우는 여간 귀찮은 게 아니다. 친구들에게 놀림을 받고, 방과 후의 자유마저 뺏겨 버린 석우는 축구를 하다가 영택이에게 일부러 늦게 가기도 한다. 그러나 하루하루 가방을 들어다 주며 영택이와 우정이 쌓이고, 영택이 어머니는 석우에게 감사의 표시를 한다. 초콜릿과 용돈 등을 받으며 석우는 착한 일을 하고 대가를 바라지 말라는 선생님의 말씀이 떠올라 고민한다. 그러나 주변에서 착한 일을 한다고 칭찬받고 자꾸만 좋은 일이 생기면서 자신이 점점 더 좋은 아이로 변해 간다고 느낀다.

영택이의 생일날 다른 친구들은 영택이가 장애가 있다는 이유로 생일 파티에 가지 않는다. 하지만 석우는 부족한 용돈으로 영택이의 선물을 마련한다. 석우는 영택이를 향한 동네 할머니들의 악담도 막아 준다. 겨울방학이 되자, 영택이는 수술을 하게 되고 목발을 짚어야만 했던 영택이는 이제 지팡이 하나에만 의지하며 걷게 된다.

시크릿한 책 속 비밀

학급에서는 종종 깁스를 한 친구들이 생겨납니다. 인대가 늘어나거나 뼈가 골절된 경우 갑작스럽게 하게 된 깁스에 아이들은 무척 답답해합니다. 장애라는 것을 잠깐이나마 경험하게 되는 순간이죠.

이 책은 고정욱 작가님의 실화를 바탕으로 쓰였다고 합니다. 어머니께서는

작가님을 꼬박 12년 동안 업어서 등하교를 시키시면서 '개근'을 했다고 하네요. 어머님께서 아들의 장애를 극복하기 위해 얼마나 노력하셨는지 알 수 있습니다.

장애를 이겨 낸 작가님의 인생은 아이들에게도 큰 용기와 희망을 선사합니다. 〈세바시〉에 출연하셨던 영상이 있으니 아이와 함께 보시기를 추천드려요.

추천 영상

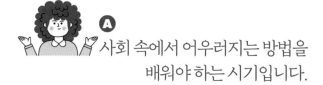

사회 속에서 어우러지는 방법을
배워야 하는 시기입니다.

특수반 친구들은 장애의 경중에 따라 종일반을 하거나 시간별로 통합반에서 수업을 받습니다. 때때로 어떤 친구들은 특수아동과 짝이 되면 방해 된다면서 싫은 티를 대놓고 내는 경우도 있습니다. 그러나 실제로 인성이 바른 학생들은 이 친구들을 감싸 안습니다. 더불어 사는 세상을 위해 특수아동이 학교에 잘 적응하면서 사회 속으로 나아갈 수 있도록 같이 협조해 주세요.

부모와 아이의 인사이트 확장을 위한 TIP

• 장애를 이겨 내고 살아오신 '고정욱' 작가님께 하고 싶은 말을 편지로 써
보세요.

- 책을 읽고 아이와 함께 대화해 보세요.

  1. 내가 걸을 수 없는 친구라면 다른 친구들이 놀 때 어떤 마음이 들까요?
  _____

  2. 도움이 필요한 친구를 어떤 마음으로 바라보아야 할까요?
  _____

  3. 나를 건강하게 낳아 주신 부모님께 어떤 말씀을 드리고 싶나요?
  _____

  4. 『가방 들어주는 아이』에 나오는 석우에게 배울 점은 무엇인가요?
  _____

  5. 영택이에게 어떤 말을 하고 싶나요?
  _____

- 진정한 친구란 어떤 친구일까요?
  _____

  _____

  _____

오세암 ★교과서 수록 도서

글, 그림 정채봉, 이현미   출판사 창비

오세암은 실제 존재하나요?

책 속으로

스님이 장님 소녀와 아이를 만났다. 두 남매는 추운 겨울 동안 갈 곳이 없었기에 스님을 따라가기로 했다. 눈이 멀었어도 부엌일을 도우며 밥값을 하는 감이와 다르게 길손이는 말썽만 부려 미움을 받는다. 스님은 길손이를 데리고 관음암으로 공부를 하러 떠난다. 문둥병이 걸려 돌아가신 스님이 있던 방에 들어가서 길손이는 벽에 있는 보살님을 보며 엄마라고 부르기 시작한다.

장터에 가신 스님은 길손에게 무서우면 '관세음보살'을 외치라 한다. 혼자 있는 길손이를 뒤로 한 채 떠난 스님은 눈길에 길을 잃고, 한참 지나서야 감이를 데리고 관음암에 가게 된다. 죽었으리라 생각했던 길손이는 목탁을 두드리며 '관세음보살'을 외치고 있다. 길손이가 말하기를 엄마가 와서 밥을 주고 따뜻하게 안아 주었다고 한다. 이내 곧 하얀 옷을 입은 여인이 소리 없이 내려와 길손이는 이제 부처님이 되었다고 한다. 그 순간 감이는 눈을 떠서 모든 것을 볼 수 있게 된다. 동생이 전해 주던 세상과 다른 모습에 감이는 실망하고 길손이를 잃은 슬픔만 남게 된다. 다섯 살짜리 길손이는 부처님이 되어 암자의 이름이 오세암이 되었다.

시크릿한 책 속 비밀

> 부모님이 이혼하여 1학년 여동생을 챙기면서 등교하던 5학년 아이가 있었습니다. 4학년 때까지 엄청난 문제아동이라고 낙인 찍혔던 아이입니다. 담임이 되어 만난 순간 아이의 책임감에 저도 모르게 눈물이 나왔습니다. 동생을 밥 먹이고, 양치시키고, 머리까지 빗겨서 등교한다는데 누가 이 아이를 문제

아라고 이야기할 수 있을까요?

부모님의 손길이 고팠던 오세암의 두 남매를 거두어들인 스님처럼 저 역시도 아이들의 마음을 어루만져 주었습니다. 수업이 끝나면 두 남매를 남겨 치킨도 사 주고 공부도 시키면서 최대한 늦게 하교하게 했지요. 지금으로부터 20여 년 전이니 제대로 된 돌봄시설도 없던 때였어요. 돌이켜 보면 초임교사의 열정으로 했던 행동 같습니다. 그렇게 아이는 눈에 띄게 달라지기 시작했습니다. 부모님이든 선생님이든 스님이든 아이에게는 자신을 보살펴 주고 바라봐 주는 어른이 필요합니다.

오세암을 읽으면 그때 그 제자가 떠오르곤 합니다. 너무나 반듯하게 잘 커 준 제자가 그저 대견할 따름입니다.

A 강원도 인제군에 있는
절입니다.

오세암은 강원도 인제군 북면에 있는 절입니다. 643년 선덕여왕 때 자장율사가 지었는데 당시에는 관음암이라고 불렸습니다. 예전에는 매우 험하고 오르기 힘든 사찰이었으나 후에 오세암이 유명해지면서 좁고 험한 산길을 다니기 좋게 정리해 누구나 쉽게 오를 수 있게 되었다고 합니다.

부모와 아이의 인사이트 확장을 위한 TIP

• 『오세암』을 영화로 감상해 보세요.

출처: KOBIS

기본 정보 전체관람가 | 감독 성백엽 | 애니메이션 | 75분 | 시나브로
엔터테인먼트

수상내역 2004 아시아 태평양 영화제(애니메이션상) | 2004 안시 국제
애니메이션 페스티벌(그랑프리—장편 부문) | 2003 서울 국
제만화애니메이션 페스티벌(심사위원 특별상)

• 유엔아동권리협약에 대한 김쌤의 한마디

유엔아동권리협약(Convention on the Rights of the Child)은 1989년에 만들어진 국제인권조약입니다. 아동이 누려야 하는 권리를 유엔아동권리협약에서 잘 설명하고 있습니다.

아동권리협약의 일반 원칙은
1. 비차별(모든 아동은 동등한 권리를 누려야 한다.)
2. 아동 최상의 이익(아동의 이익을 최우선으로 고려해야 한다.)
3. 생존과 발달의 권리(아동은 생존과 발달을 위해 다양한 보호와 지원을 받아야 한다.)
4. 아동 의견 존중(아동은 자신과 관련된 일에 의견을 말하고 존중받아야 한다.)

"2020년대를 살고 있는 지금도 지구 반대편에서는 아동이 전쟁에 투입되고, 성매매와 아동매매가 이루어지고 있습니다. 이와 관련하여 11월 20일은 세계 어린이의 날로 지정되어 전 세계 사람들이 함께 문제를 고찰하고 더 나은 어린이 삶을 위해 노력하고 있습니다."

초대받은 아이들

글, 그림 황선미, 이명애 출판사 시공주니어

Q

관계를 잘 맺는 아이들의 특징은
무엇일까요?

책 속으로

민지는 인기쟁이 성모의 생일 초대장을 받고 싶었다. 그러나 초대받지 못해 속상함이 밀려 온다. 전학 온 친구보다도 못한 자신의 처지에 슬픔과 부끄러움이 교차한다. 엄마는 민지의 마음을 아는지 모르는지 뾰루퉁하기만 하시니 더욱 속상해진다. 민지는 성모의 생일날 가방 속에 있던 익명의 초대장을 본다. '혹시 나도 초대한 걸까?' 기대 반 궁금증 반에 도착한 장소에서 민지는 자신을 보고 꺼려 하는 친구들의 얼굴을 보게 된다. '샌님'이 나타났다는 말에 초대받지 않은 이유도 알게 된다.

눈물이 나올 것 같은 순간에 엄마가 있었다. 알고 보니 엄마의 생신 초대였던 것이다. 그동안 성모 생일 초대에만 꽂혀서 그토록 소중한 엄마의 생신은 2년간 연속해서 잊었다.

초대받지 못해 버렸던 그림책을 소중히 가져온 엄마는 성모에게 전해 주라 권하시고, 그 그림으로 민지는 친구들에게 인기를 얻는다. 그러나 친구들이 장난을 친다고 서로 잡아당기다가 그만 그림책이 찢어지고 만다. 민지는 화가 나지만 조금만 참으면 그 무리 속에 들어갈 수 있을 거라 믿으며 스스로 다독인다. 민지는 문득 자신과 비슷한 처지에 있는 기영이를 보며 무리 속에서 함께 걷기보다 기영이와 발걸음을 맞추며 함께 걸어가기를 선택한다.

시크릿한 책 속 비밀

> 『마당을 나온 암탉』으로 유명한 황선미 작가님이 20년 전 책을 새롭게 재출

간했습니다. 현실에 맞지 않는 표현과 상황을 수정했고, 이명애 작가님의 섬세한 그림을 통해 어린이의 표정과 손짓 등을 생동감 있게 표현했습니다.

초등학생이 되면 아이들에게 '우리 의식'이 생기기 시작합니다. 이를 확인하고 관계를 다지는 계기 중의 하나가 '생일파티'이지요. 초등학교 2학년 한 여자아이가 생일파티를 하겠다면서 열 명이 넘는 친구들을 선발하기 시작했습니다. "너, 너 되고 너는 안 되고." 그렇게 다른 친구에게 상처를 입혔습니다. 이내 유행이라도 된 것처럼 생일파티 때는 늘 "너랑 너는 와도 되고 너는 안돼"라는 말을 하며 상처를 주더군요. 결국 해당 학급은 큰 문제가 되었습니다. 소외되는 친구가 생기기 때문이지요.

아이들은 아직 인간관계에 서툴 수밖에 없습니다. 이 책은 소외감으로 상처 입은 아이들에게 위로를 주지요. 무엇보다 또래 집단에서 어울림을 배워 가는 시기에 진정한 우정이 무엇인지 생각해 보는 계기가 됩니다.

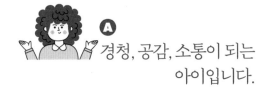

Ⓐ 경청, 공감, 소통이 되는 아이입니다.

상대의 이야기를 잘 들어주고 공감하는 능력이 뛰어난 아이들은 관계 맺기를 잘합니다. 듣는 것에 그치지 않고 자신의 감정과 생각을 전하며 소통하지요. 이 능력은 단기간에 길러지기는 어려우나 꾸준한 훈련과 연습으로 키워 낼 수 있습니다. 누군가가 말할 때 그 사람을 쳐다보는 연습만 시켜 주셔도 훨씬 경청하는 데 도움이 될 수 있습니다.

부모와 아이의 인사이트 확장을 위한 TIP

나와 가장 가까운 주변 5명의 평균이 내 모습과 같다.
—짐 론

• 다음 질문에 떠오르는 친구 이름을 적어 보세요.

NO	질문	이름 1	이름 2	이름 3	이름 4	이름 5
1	내 생일에 초대하고 싶은 친구가 있나요?					
2	나를 도와주는 친구가 있나요?					
3	나를 걱정해 주는 친구가 있나요?					
4	나에게 가장 힘이 되는 친구가 있나요?					
5	함께 있으면 행복한 친구가 있나요?					

• 하나뿐인 아이의 생일파티는 어떤가요? 매년 엄마가 정성을 다해 진행하시는 경우도 많이 보았습니다. 아이가 초등학생이 되면 친구들과 함께 특별한 날을 보내게 해 주고픈 마음에 키즈카페에 초대해서 생일파티를 하기도 하고, 파티룸을 빌려서 진행하기도 하죠.

입장권, 식사, 음료수, 과자 등을 포함하면 그 금액이 상당합니다. 그래도 1년에 하나뿐인 생일이라는 마음으로 대부분 진행하곤 하지요. 하지만 이 생일파티는 다음 사람에게 부담으로 작용하기도 합니다. 그러니 조금은 힘을 빼서도 괜찮습니다.

아이의 생일파티를 멋지게 해 주지 못하면 부족한 엄마가 된 것 같은 자책감에 빠지지 마세요. 이미 충분히 잘하고 계십니다. 사실 아이의 생일날에 가장 축하받아야 하는 건 엄마잖아요? 아이를 낳느라 고생하신 어머님들 진심으로 수고 많으셨고 축하드립니다. 아이가 크면 생일날 자신을 태어나게 해 준 엄마에게 감사 인사를 전하게 하도록 꼭 지도해 주세요. "낳아 주셔서 감사합니다." 이 말이야말로 아이 생일날 들을 수 있는 최고의 선물이지 않을까요?

낳아 주셔서
고맙습니다!

사라, 버스를 타다

글, 그림 윌리엄 밀러, 존 워드   출판사 사계절   연계 교과 국어 4-2

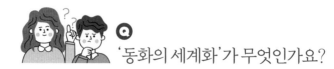 '동화의 세계화'가 무엇인가요?

책 속으로

> 1950년대 미국 남부에 사는 흑인 소녀 사라는 매일 아침 엄마와 함께 버스를 타고 학교에 간다. 앞자리는 백인들만 앉을 수 있도록 법이 정해져 있어서 사라는 늘 뒷자리에만 앉아야 한다. 하지만 사라는 이를 거부하고 앞자리에 앉아 버린다. 기사 아저씨는 뒤로 가라고 하지만 사라는 끝까지 버틴다. 사라는 작지만 당당한 목소리로 학교까지 타고 가겠다고 말한다. 이내 경찰관이 오고 사라에게 법을 어기지 말라고 이야기한다. 그런데도 꿈쩍하지 않자, 경찰관은 사라를 번쩍 안아 올린다. 그를 보고 많은 사람들이 용기를 내라고 외친다.
>
> 신문사에서 용기 있는 사람을 취재한다며 사라를 인터뷰한다. 그렇게 사라의 작은 움직임은 사람들에게 많은 울림을 준다. "말썽을 일으키려 한 게 아니었는데 죄송하다"라는 사라 말에 엄마는 아무 잘못도 하지 않았다며 오히려 격려한다. 엄마는 언젠가는 법도 바뀔 것이라며 사라를 포근히 안아 준다. 그 이후 변화는 정말로 시작된다.

시크릿한 책 속 비밀

> 미국 내 인종차별에 저항하던 실존 인물 로사 팍스의 이야기입니다. 백인, 흑인으로 구분되어 있던 버스 좌석 사건부터 버스 승차 거부 운동까지 이야기는 실화와 비슷하게 진행되고 있습니다.
>
> 책을 읽은 아이들은 분노에 차서 말합니다. "흑인이라고 뒤에 앉는 게 어디 있어요? 말도 안 돼요"라고 말이지요. 아이들은 이 책을 통해 시대마다 가치 기준이 다르다는 것, 법은 바뀔 수 있다는 것을 알아 갑니다. 이 과정을 통해

아이들은 법과 민주주의 사회에 대한 안목을 키울 수 있지요.

미국 남부의 모든 주에서 '짐 크로우'라고 불리는 흑인 차별법에 따라 공공 건물, 화장실, 음식점, 병원, 도서관, 교회에 이르기까지 다른 출입구를 사용하거나 아예 사용 금지를 당하는 차별을 받았습니다. 『사라, 버스를 타다』는 흑인 승차 거부 운동에 대한 상징적인 이야기로, 실제로 짐 크로우 법(1876년부터 1965년까지 시행되었던 미국의 흑인 차별과 관계되는 모든 법)이 만들어졌습니다. 이러한 움직임은 흑인 해방 운동가로 유명한 마틴 루터 킹 목사가 이끌었습니다. 그는 40년 후 미국에서 흑인 대통령이 나오게 된다는 걸 알고 있었을까요?

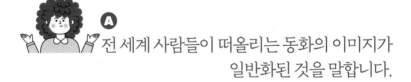
전 세계 사람들이 떠올리는 동화의 이미지가 일반화된 것을 말합니다.

오랜 시간 전해져 내려오는 유럽 동화들이 미국 월트 디즈니를 거치며 동화의 세계화가 이루어졌고, 전 세계인이 즐기는 대중문화가 되었습니다. 이와 동시에 그들이 만들어 놓은 인종주의, 외모지상주의, 성역할 고정관념 등을 아주 어린 시절부터 학습하게 되었습니다. 최근에는 흑인 인어공주가 영화로 나오기도 했습니다만 지금까지 100여 년간 디즈니를 중심으로 쌓여 온 이미지를 바꾸기에는 어려움이 많은 듯합니다. 실제로 영화 〈인어공주〉를 선택한 다양성 책임자가 사임하게 되었다고 하니 우리의 고정관념을 깨는 데 시간이 오래 걸릴 듯합니다.

부모와 아이의 인사이트 확장을 위한 TIP

- NGO(non-governmental organization, 비정부기구) 활동가가 되어서 학생들에게 인종차별을 막는 캠페인 활동을 진행해 보세요.

캠페인 포스터

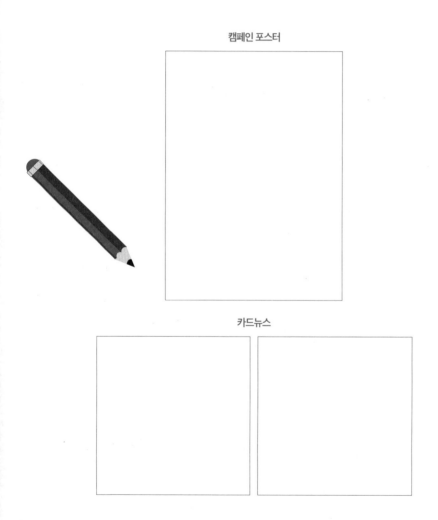

카드뉴스

• 아이와 함께 마틴 루터 킹의 연설 일부를 살펴볼까요?

"나에게는 꿈이 있습니다.

옛 노예 후손들과 옛 주인 후손들이 형제처럼 손을 맞잡고 나란히 앉게 되는 꿈입니다. 내 아이들이 피부색이 아니라 인격에 따라 평가받는 나라에서 사는 꿈입니다.

테네시의 룩아웃 산에서도 자유가 울려 퍼지게 합시다. 미시시피의 모든 언덕에서도 자유가 울려 퍼지게 합시다. 모든 산으로부터 자유가 울려 퍼지게 합시다. 모든 마을, 부락, 주와 도시에서 자유가 울려 퍼지게 할 때, 우리는 더 빨리 그날을 향해 갈 수 있을 것입니다. 신의 모든 자손들, 흑인과 백인, 유태인과 이교도, 개신교도와 가톨릭교도가 손에 손을 잡고 옛 흑인 영가를 함께 부르는 그날 말입니다."

마틴 루터 킹

심리 도서 50
— 초등 고학년

늑대가 들려주는 아기 돼지 삼형제 이야기

글, 그림 존 셰스카, 레인 스미스 출판사 보림 연계 교과 국어 5

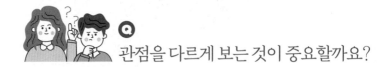

관점을 다르게 보는 것이 중요할까요?

책 속으로

> 아이들이 어렸을 때 읽었을 『아기 돼지 삼형제』를 돼지 입장이 아닌 늑대가 주인공이 되어 이야기하는 방식으로 재창작된 그림책이다. 우리는 지금껏 늑대의 입장을 들어 본 적이 없는 게 사실이다. 알렉산더 울프 늑대는 원래 토끼나 양, 돼지같이 귀엽고 조그만 동물을 먹는데, 식성인 걸 가지고 고약하다고 하면 말이 될까? 늑대는 억울할 만도 하다. 늑대는 코가 간지러워 재채기를 했을 뿐인데 지푸라기 집이 무너졌고, 돼지가 죽어 있길래 먹었을 뿐이다. 나뭇가지 집도 무너져 버려 돼지가 상할까 봐 먹은 거였다. 마지막 벽돌집은 버릇없는 막내 돼지 녀석이 할머니에게 다리나 부러지라고 하는 소리를 듣고 참을 수가 없어 집을 부수려다가 경찰에게 잡힌 것이란다. 늑대는 그저 돼지들에게 설탕을 얻으러 왔을 뿐인데, 독자에게 관심과 사랑을 얻지 못하니 늑대 자신을 커다랗고 고약한 사람으로 만들어 버린 거라고 한다. 늑대의 말에 의하면 결국 이 모든 이야기는 누명이었던 것이다.

시크릿한 책 속 비밀

> 이미 알고 있고 맞는다고 믿었던 것에 대해 다시 생각해 보는 기회를 마련해 주는 책입니다. 책을 읽을 때 내용을 재해석하고 자신의 것으로 만들어 내는 과정 없이 그저 관성적으로만 읽는 친구가 있습니다. 반대로 책을 읽고 자신의 말로 소화시키는 친구가 있지요. 이 친구들은 학급시간에 지금까지 당연하게 수업했던 것에 대해 "선생님, 그런데요. 이렇게 생각할 수도 있지 않나요?"라며 의견을 냅니다. "왜 그렇게 생각하니?"라는 물음에 "그냥요"가 아

니라 정확한 근거를 들어 의견을 표현합니다. 수업을 방해하려는 의도가 아니라 진지한 자세로 임하는 의견은 대부분 선생님의 존중을 받지요.

우리는 수많은 상황에서 한쪽 이야기만을 듣습니다. 그러나 모든 이야기는 양쪽을 다 들어 봐야 정확합니다. 관계 속에서 발생한 일이기 때문이죠.

이 책은 1~2학년을 위한 창작동화로도 제공되지만, 초등학교 5학년에 수록하여 추천한 이유가 있습니다. 바로 '비판적 사고'의 중요성 때문이지요. 고학년이 되면서 상대의 의도를 왜곡하는 경우가 많아집니다. 이 때문에 심리적 갈등을 겪는 일도 있지요. 피아제의 인지발달 단계에 의하면, 11세 이후에 해당하는 형식적 조작기에 추상적, 연역가설적 사고가 가능하다고 합니다. 이런 이유로 이 책을 고학년 편에 수록하였어요. 상대의 의도를 파악하는 연습이 진행되면 아이들은 갈등을 좀 더 슬기롭게 해결할 수 있을 것입니다.

ⓐ 관용, 이해심은 다르게 보는 마음에서부터 출발합니다.

"그 사람 입장에서는 그럴 수 있어"라고 말하는 등 주변에 유독 너그러운 사람이 있습니다. 아이들 중에서도 상대의 입장을 잘 헤아리는 친구가 있습니다. 이런 친구들은 당연히 인기가 많습니다. 이쪽 친구, 저쪽 친구 입장을 이해하고 잘 들어주는 것만으로도 아이들이 좋아할 수밖에 없습니다. 그러나 그 상황에 감정이입이 되어 상대의 흉을 본다거나 자신이 직접 해결하려고 나서지는 않도록 해야 합니다. 그저 상대를 이해하고자 노력하는 것만으로도 충분합니다. 오히려 그 이상이 되면 문제가 생기는 경우가 더 많으니 유의해 주세요.

부모와 아이의 인사이트 확장을 위한 TIP

- 책을 읽을 때는 5가지의 방법이 있습니다. 그냥 읽을 때와는 다르게 아래의 내용들을 생각하며 읽으면 책을 이해하기가 훨씬 더 수월해집니다.

1
질문하며 읽기

궁금한 점이 있으면 스스로 질문하고
답하며 읽기

2
비판하며 읽기

선입견, 과장, 왜곡이 있는지
생각하며 읽기

3
상상하며 읽기

자신이 그런 상황이라면 어떻게 했을지
상상하며 읽기

4
경험이나 지식을 떠올리며 읽기

책 내용과 관련 있는
자신의 경험이나 지식을 떠올리며 읽기

5
사실을 확인하며 읽기

책에 나오는 내용이 사실인지
생각하며 읽기

• 독서 활동을 마치고 나면 아래에 내용에 맞추어 평가해 보세요.

1. 생각할 점을 떠올리며
   책을 깊이 있게 읽었다.

2. 더 알고 싶은 것을
   질문으로 만들고 스스로 답을 찾으며
   책을 읽었다.

3. 선입견, 과장, 왜곡이 있는지
   생각해 보면서
   책을 읽었다.

- 『늑대가 들려주는 아기돼지 삼형제 이야기』처럼 말하는 이의 관점에 따라 이야기가 달라질 수 있다는 것을 알았습니다.

1. 기존에 읽었던 책 중에서 하나를 골라 관점을 바꾸어 적어 볼까요?

선녀와 나무꾼 ▼ 선녀의 관점에서	**콩쥐와 팥쥐** ▼ 팥쥐의 관점에서	**흥부와 놀부** ▼ 놀부의 관점에서	**백설공주와 왕비** ▼ 왕비의 관점에서

_____

_____

_____

_____

_____

2. 관점을 바꾸어 다르게 써 보니 어떤 생각이 들었나요?

_____

_____

_____

_____

_____

_____

_____

_____

마당을 나온 암탉 ★교과서 수록 도서

글, 그림 황선미, 김환영   출판사 사계절   연계 교과 국어 5

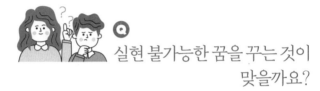

실현 불가능한 꿈을 꾸는 것이
맞을까요?

책 속으로

주인공 잎싹은 폐계가 된 닭이다. 알을 품어 부화시켜 병아리로 키워 보고 싶지만 이제 알을 낳지 못한다. 잎싹은 자신의 소망을 이루고 자유로운 삶을 살기 위해 닭장에서 나와 넓은 세상을 경험하기 시작한다. 양계장에 있었다면 배부르게 먹고 살 수 있었을 텐데 자유를 위해 힘든 길을 택한 것이다. 추위와 배고픔, 온갖 위험 속에서도 잎싹은 닭장을 나온 것을 후회하지 않는다.

잎싹은 청둥오리 부모를 죽게 만든 무서운 족제비를 피해 도망다니다 알을 품게 되고 그 오리가 잘 살아가도록 아낌없이 희생한다. 그 아이는 초록머리라는 이름을 가지게 된다. 초록머리는 자신을 키워 준 잎싹이 자기 모습과 다르다는 것을 알게 되면서 반항하기 시작한다. 그럼에도 잎싹은 계속해서 진심으로 고민하며 엄마로서의 위치를 찾아간다.

무럭무럭 자라난 초록머리가 자신의 길을 스스로 찾아가도록 잎싹은 계속 격려한다. 잎싹은 초록머리가 무사히 무리를 따라갈 때까지 족제비와의 사투를 벌인다. 그러나 초록머리가 떠난 후 잎싹은 족제비 새끼들의 주린 배를 채워 주는 먹잇감이 되기를 스스로 선택한다. 족제비도 눈물을 흘리며 잎싹을 잡으러 달려든다.

시크릿한 책 속 비밀

잎싹은 주어진 삶에 순응하지 않고 양계장에서 나와 마음으로 낳은 아이 초록머리를 돌보게 됩니다. 그렇게 정성스럽게 돌보았지만 자신을 떠나려는 초

록머리에게 괜찮다고 용기를 주지요. 이 책을 읽는 부모님들은 아이를 품 안에서 놓아 주어야 하는 순간이 왔을 때 선뜻 보내 줄 수 있나요? 아이가 내 옆에서 조금 더 머물렀으면 하는 마음을 누른 채 "내가 만약 너의 상황이라면 머물지 않고 가겠다"라는 말을 해 주는 게 쉽지 않을 것 같습니다.

잎싹은 족제비의 아이들을 위해 스스로 먹잇감이 됩니다. 이 장면은 슬프지만 아름다운 새드엔딩입니다. 이는 황선미 작가님의 아버지 유언에서 나온 부분이라고 합니다. "내가 죽으면 큰 솥에 밥을 지어 지나가는 사람 누구라도 와서 한 끼 먹고 가게 해 주렴." 남아 있는 자들에게 한 끼라도 대접하자는 뜻이었다고 합니다.

부모가 되어 보니 부모의 마음을 알 수 있는 것 같습니다. 내 자식만이 아니라 다른 이의 자식까지 보살피는 사랑이 어렴풋이나마 이해가 됩니다.

꿈은 꾸는 자의 몫입니다.

간디학교의 교가에 "꿈꾸지 않으면 사는 게 아니라고, 별 헤는 맘으로 없는 길 가려네"라는 구절이 있습니다. 우리는 모두 꿈을 꾸고 있습니다. 그리고 꿈은 꾸는 자의 몫이라고 합니다. 아이들이 꿈에 대해 말할 때 실현 불가능한 이야기라고 단정 짓지 마시고 그 의견에 더욱 귀를 기울여 주세요. 꿈을 꾸는 만큼 아이들은 자라날 수 있으니까요.

부모와 아이의 인사이트 확장을 위한 TIP

• 사춘기가 시작되는 초등 고학년은 정체성에 대해 끊임없이 탐색하는 시기입니다. 초등 고학년에 찾아오는 정체성 탐색에 대해 알아볼까요?

에릭슨에 의하면, 청소년들은 이 시기에 '내가 누구이고 이 사회에서 어떤 역할을 하고 있는가?' 즉 자아정체감을 형성한다고 말했습니다. 이 자아정체감이 제대로 정립되지 않으면 역할 혼미 상태에 빠지는데, 이 역시 위기를 통해 자신의 위치를 찾는 과정입니다.

나는 누구이며, 어떻게 살아가야 하는지에 대한 고민이 초등학교 고학년에 시작되는 친구들이 있습니다. 2차 성징과 함께 사고의 변화도 크게 나타나지요. 이맘때는 자신의 정체성을 탐색하기 위해 다각도로 노력합니다. 부모님들은 이해할 수 없는 매우 변덕스러운 행동들을 하는 것 역시 자신의 위치를 찾기 위한 노력인 것이지요.

아이들과 다음과 같은 질문을 함께 나누어 본다면 좋겠습니다.

1. 나는 누구인가?

2. 나는 앞으로 어떻게 살아가고 싶은가?

3. 꿈이 있다면 나는 어떤 노력을 하고 있는가?

- 관상어 '코이'라는 물고기는
  작은 어항에서 기르면 5~8센티미터밖에 자라지 않습니다.
  커다란 수족관이나 연못에서는 15~25센티미터까지 자랍니다.
  강에서는 90~120센티미터까지 자랍니다.
  이를 두고 '코이의 법칙'이라고 합니다.
  환경에 따라 자신이 있는 곳에 따라
  그리고 생각의 크기에 따라
  그 결과물은 무척 달라집니다.
  우리 아이는 지금 어떤 곳에서 어떤 꿈을 꾸고 있나요?

샬롯의 거미줄 ★뉴베리 아너상

글, 그림 엘윈 브룩스 화이트, 가스 윌리엄즈   출판사 시공주니어   연계 교과 국어 6

Q 엄마가 아이의 친구를
만들어 주어야 할까요?

책 속으로

작은 시골 농장에서 태어난 아기 돼지는 무녀리(한 번에 낳은 여러 마리의 새끼 가운데 가장 먼저 나온 새끼)라서 태어나자마자 죽을 위기에 처한다. 그러나 여덟 살 펀이 아빠에게 죽이지 말아 달라고 요청하여 우유를 먹이며 키우고 이름을 윌버라고 짓는다. 하지만 윌버가 충분히 자라자 아빠는 윌버를 팔아 버린다. 그렇게 펀과 윌버는 헤어진다. 때마침 거미 샬롯이 나타나 윌버의 친구가 된다. 그러나 얼마 후 늙은 양이 찾아와 윌버는 다른 돼지들처럼 크리스마스 햄이 될 것이라고 예언한다. 윌버는 겁에 질려 울부짖고 침착한 샬롯은 윌버를 살려 낼 묘안을 생각해 낸다. 바로 거미줄에 윌버를 위한 '대단한 돼지'라는 문구를 짜 넣은 것이다. 샬롯의 예상대로 사람들은 윌버를 기적을 부르는 돼지라 여기며 특별대우를 해 준다. 그렇게 샬롯은 죽을 때까지 윌버를 위해 거미줄을 짜고 아무도 없는 곳에서 쓸쓸하게 죽어 간다.

시크릿한 책 속 비밀

미국에서 출간한 어린이책 중 단연 최고의 도서로 꼽히는 『샬롯의 거미줄』은 20년이 넘는 시간 동안 100쇄 이상의 판매를 돌파할 정도로 많은 아이들의 사랑을 받고 있습니다. 초등학생이 꼭 한 번은 읽어야 할 필독서로 선정된 만큼 중요한 삶의 가치를 전해 주지요.

언뜻 보면 돼지와 거미가 친구가 된다는 설정이 상상하기 힘든데, 둘은 진정한 우정이 무엇인지 보여 줍니다. 친구를 이해하려 애쓰고, 친구가 힘든 상황이 왔을 때 대가 없이 도와주기 때문이지요. 이 책이 우리 아이들에게 우정에 대해 생각해 보는 시간을 줄 거예요.

나와 성격이 전혀 다르더라도, 몸집이나 키에서 차이가 나더라도, 비슷한 성적이 아니더라도 누구나 친구가 될 수 있습니다. 오히려 나와 다른 친구에게서 배울 점이 있음을 깨달을 수 있답니다.

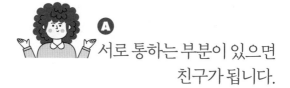

서로 통하는 부분이 있으면 친구가 됩니다.

학교에서 보면 '둘이 친구가 맞나?' 싶을 정도로 전혀 성향이 다르고 교집합도 없어 보이는데 잘 맞는 친구들이 있습니다. 그런데 아이들은 그들만이 통하는 부분이 있어야 친구가 됩니다. 어른들이 억지로 맺어 놓는다고 해서 어울리지 않습니다. 분명 그 아이들만의 교감이 있는 것이지요.

인사이트 팁 김 쌤이 나누고픈 한마디!

- 초등학생들은 저, 중, 고학년에 따라 친구를 선택하는 기준이 달라지곤 합니다.

  저학년 때는 함께 놀아 본 경험이 있는지, 자신의 집과 가까운지, 옆자리 또는 앞뒤 자리의 친구인지와 같이 물리적으로 가까이 있는 친구와 친해지곤 합니다. 또는 학부모님께서 자주 만나게 해 주는 것이 영향을 끼쳐 단짝이 되는 경우도 있지요. 그렇다고 그 친구랑만 노는 것은 아니고 같은 반 친구들과 두루두루 어울리면서 친하게 지내는 것이 특징입니다.

  중학년부터는 그룹을 지어 노는 아이들이 생깁니다. 자신의 마음에 맞는 친구를 찾기 시작하고, 자신들의 그룹 안으로 들어오지 못하게 하는 일도 발생해서 선생님들께서는 그룹으로 뭉쳐 다니는 것을 지도하게 됩니다.

  고학년 때는 남녀의 차이가 있는데, 여학생은 완전히 자신들의 그룹을 결성하는 경향이 있습니다. 남자아이들은 그룹이 있더라도 같은 게임, 운동을 하게 되면 다시 그룹이 결성되기도 합니다. 가령 축구를 하는 친구 또는 게임을 하는 친구들로 뭉치는 것입니다.

  아이들에게 친구 관계를 만들어 주려고 일부러 시간을 내어 노력하는 부모님들이 계십니다. 그러나 실제로 친구 관계는 아이 스스로 자신에게 맞는 친구를 찾는 것이 중요합니다. 부모님이 개입하여 억지로 만들어 준 친구들은 중학년 이후부터는 결속력이 약해진다는 것을 잊지 말아 주세요.

• '샬롯이 되어 윌버에게' 또는 '윌버가 되어 샬롯에게' 편지를 써 볼까요?

갈매기의 꿈

글, 그림 리처드 바크   출판사 나무옆의자   연계 교과 창의적 체험활동, 진로 6

Q. '도전'은 무모한 것일까요?

책 속으로

　대부분의 갈매기들은 하늘을 나는 것이 먹이를 찾기 위한 수단이지만 조나단은 하늘을 잘 나는 것 자체에 관심이 있다. 비행과 관련된 빨리 날기, 급강하, 선회 등을 연습하다 보니 제대로 끼니를 못 먹어 몸이 마를 정도가 되었다. 그렇게 연습에 매진하던 어느 날, 조나단은 갈매기의 한계를 넘어선 초고속 비행에 성공한다. 그러나 이러한 성과를 칭찬받는 것이 아니라 무리에서 규칙을 넘어선 것에 대해 비난받고 문책당한다. 조나단은 그럼에도 실망하지 않고 한계를 뛰어넘기 위해 노력한다. 먹고사는 일에만 급급한 동료들을 안타까워하면서 말이다. 조나단은 누구나 연습만 하면 공중을 누릴 수 있는 자유를 가질 수 있다는 것을 확신한다. 이것은 곧 도전이고 새로운 삶을 꿈꾸는 힘이 된다는 걸 조나단은 알고 있다.

　자신을 추방했던 갈매기 무리로 간 조나단, 과연 조나단의 마음속 열정과 갈증은 어디에서 온 것일까?

시크릿한 책 속 비밀

『어린 왕자』를 쓴 생텍쥐페리가 비행기 조종사였던 것처럼 리처드 바크도 공군 출신 조종사였습니다. 비행을 좋아했던 그는 비행기 잡지 편집자, 비행 조종 강사, 항공기 파일럿 등 여러 일을 하면서 글을 썼습니다.

그러던 중 비행과 관련된 『갈매기의 꿈』을 쓰게 되었지요. 실제로 3000시간 이상 비행했다고 하니 갈매기의 꿈은 실제 그의 이야기이지 않을까 싶은 생각이 듭니다. 이렇게 감동적인 책이지만 처음부터 순탄하게 진행되지는 않았다고 합니다. 수많은 출판사의 거절 뒤에 결말 역시 완성하지 못한 채로 겨우 출간되었습니다. 그러나 출간된 지 5년 만에 700만부가 팔리며 명실상부한 베스트셀러가 되었습니다. 작가 스스로 노력하면 꿈에 닿을 수 있다는 가능성을 삶에서 보여 주고 있는 셈이지요.

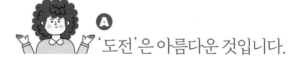

'도전'은 아름다운 것입니다.

이미 최선을 다했지만 도전을 멈추지 않는 사람들, 자신의 기록을 자신이 다시 깨는 사람들, "더 이상 하면 위험해. 무모한 도전이야"라는 주변의 염려를 단숨에 무너뜨리는 사람들이 있기에 우리는 늘 놀라운 결과를 보게 됩니다. 이들의 공통점은 세상의 평가에 연연하는 것이 아닌 자신의 한계에 도전한다는 데 있지요. 스스로 선택한 도전은 그 자체만으로도 아름다운 것입니다.

• 눈앞의 일에만 급급해하지 말고 앞날을 내다볼 수 있도록 우리 친구들이
  자신의 우선순위를 세워 보면 어떨까요?
  높이 나는 새가 멀리 봅니다. 높이 날려면 스스로 한계를 뛰어넘고자 하는
  굳은 의지가 있어야 합니다. 그렇게 우뚝 선 사람에게 우리는 존경과 박수
  를 보내지요. 도전하면서 다치는데도 한계를 넘기 위해 노력하는 아이. 그
  런 아이에게 계속해서 용기를 준다는 것은 부모로서도 큰 도전이 될 것입
  니다. 저는 시간이 지날수록 주변에 흔들리지 않고 자신의 길을 걷는 아이
  들의 미래가 궁금해지고는 합니다. 부모님이 시킨 공부가 아닌 자신이 원
  하는 공부를 하는 아이들, 자신의 진로를 찾아 노력하는 아이들의 미래 말
  이지요. 이 친구들은 선생님과 부모님께 나는 법을 배웠지만 더 높이 나는
  법은 스스로 터득했다고 생각합니다. 이런 아이들이 많아지면 우리 사회
  는 어떻게 될지 내심 궁금하고 기대됩니다.

우선순위를 세우는 기준(아이젠하워의 시간 관리 4분면)

1. 중요하고 긴급한 일(예시: 내일까지 제출해야 되는 숙제)
2. 중요하지만 긴급하지 않은 일(예시: 수학 실력을 쌓기 위한 매일 연산 학습)
3. 중요하지 않지만 긴급한 일(예시: 전화 받기)
4. 중요하지도 않고 긴급하지도 않은 일(예시: 게임, 낙서 등)

• 『갈매기의 꿈』을 읽고 꿈에 대해 생각해 볼까요?

1. 조나단이 꿈을 이룰 때까지 가장 큰 영향을 준 등장인물은 누구인가요? 어떤 영향을 주었는지 기억하면서 적어 보세요.

_____

2. 자신의 꿈을 이룰 때까지 수많은 어려움이 있을 수 있습니다. 예상되는 어려움을 적어 보고 어떻게 하면 극복할 수 있을지 생각해 보세요.

예상되는 어려움: _____
극복할 수 있는 방법: _____

3. 자신의 꿈을 적고 큰 소리로 외쳐 봅시다.
나는 어려움을 극복하고 나의 꿈 (   )을 이루어 내겠습니다!

초등학생을 위한 나의 라임 오렌지나무

글, 그림 J.M. 바스콘셀로스, 최수연 출판사 동녘주니어

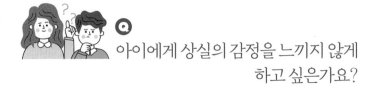

아이에게 상실의 감정을 느끼지 않게
하고 싶은가요?

책 속으로

밍기뉴는 제재의 유일한 소통의 대상이 되어 준 라임 오렌지나무의 이름이다. 동네에서 악동으로 불리는 제재는 자신 안에는 악마가 있는 게 아니라 작은 새가 있다는 것을 알게 된다.

이 악동은 자신을 믿어 주는 담임 쎄실리아 선생님과 인생의 친구 뽀르뚜가를 통해 자신이 소중한 존재라는 것을 알아간다. 특히나 뽀르뚜가와는 가족이 되고 싶다고 느낄 정도의 큰 유대감을 형성한다. 누나와 형의 매질, 아빠의 폭행이라는 가정 폭력 속에서 제재는 자신을 이유도 모르는 채 얻어맞는 짐승으로 느끼곤 했다. 뽀르뚜가의 계속되는 지지 속에서 제재가 상처를 극복할 무렵, 건널목에서 기차에 치여 사망하는 뽀르뚜가를 통해 제재는 세상에서 가장 큰 아픔을 경험한다. 그리고 매를 많이 맞아서 생긴 아픔이 아닌 진짜 아픔을 알게 된다.

제재는 속마음을 온전히 털어놓을 수 있었던 세상의 단 하나뿐인 라임 오렌지나무도 잘려 나가는 것을 보며 상실과 이별을 알아 버린다. 철부지 어린아이에서 갑자기 너무 일찍 철이 들어 버린 제재. 시간이 흘러 제재는 하늘나라의 뽀르뚜가에게 편지를 쓰며 이야기는 마무리된다.

시크릿한 책 속 비밀

> 자신을 온전히 이해하고 받아들여 주는 어른이 한 명이라도 있는 것이 아이의 성장에 얼마나 중요한지 보여 주는 책입니다.

　　20여 년의 교직생활 중에서 당연히 저에게도 기억에 남는 아이가 있습니다. 고등학생 시절에 엄마, 아빠가 아이를 갖게 되어 출산과 동시에 할아버지 호적에 올려진 아이입니다. 할머니가 살아 계실 때는 그래도 괜찮았다고 합니다. 온전히 자신을 지지해 주는 할머님 밑에서 사랑을 독차지했지요. 그러나 할머니가 돌아가시고 상황은 바뀌었습니다. 아빠는 이미 새엄마와 살고 있고, 엄마는 동거남이 있는 상황에서 아이가 마음 붙일 곳은 없었지요. 집을 나가고, 거짓말을 일삼고, 마트에서 물건을 훔쳤습니다. 친부모와 할아버지는 이런 아이를 너무나 버거워하셨지요. 그러다 보니 문제가 생길 때마다 제가 해결하는 일이 많아졌습니다. 정말 힘든 시기였지만 딱 하나만 생각했습니다.

　'어른 중 누구 하나는 너를 포기하지 않는다. 그거 하나만이라도 느끼면 좋겠어.' 지금도 가끔씩 문제 행동을 보인다는 이야기를 전해 듣지만 그래도 많이 좋아졌다고 합니다. 저는 계속 생각합니다. '너를 포기하지 않는 어른 한 명은 있음을 기억하기를. 정말 힘들 때는 나를 찾아 주기를. 선생님은 네가 너의 빛나는 삶을 쉽게 포기하지 않을 거라 믿는다!'

Ⓐ 슬픔도 경험해야 하는 자연스러운 감정입니다.

우리가 느끼는 모든 감정은 소중합니다. 희로애락이라고도 하지요. 부모의 마음으로는 아이에게 슬픔을 느끼게 해 주고 싶지 않겠지만 이 역시 자연스러운 감정입니다. 우리나라 부모님들은 유독 이별이나 죽음의 의미를 아이들에게 설명해 주어야 할 상황이 오면 피하려고 합니다. 하지만 아이들도 경험해야 하는 것들이지요. 만남과 이별은 연결되어 있고 피해 갈 수 없다는 걸 기억해 주세요.

인사이트 팁 김 쌤이 나누고픈 한마디!

• 공교육에서는 아동학대 및 가정폭력예방교육을 매년 의무적으로 실시하고 있습니다. 아울러 가정에도 끊임없이 안내장을 보내고 있지요. 예전보다 체벌을 하는 가정은 줄었지만 극단적인 아동학대 사례를 여전히 듣고는 합니다. 주변에서 아이의 울음소리가 자지러지게 들리거나 아이가 계절에 맞지 않는 옷차림을 하거나 멍이 보이는 사례가 있다면 유심히 살펴봐 주시기를 바랍니다.
  실제로 아동학대가 많아 전국에서 예방센터가 가장 많은 곳이지만 주변의 적극적인 신고로 인하여 극단적인 사례를 막고 있는 곳도 있습니다. 주변 신고가 얼마나 중요한지를 알 수 있지요? 지속적인 관심을 갖는 것만으로도 아이들의 존엄성과 가치를 지켜 줄 수 있습니다.

아동학대 신고전화: 112

2. 아동권리협약의 4개 권리

생존권	보호권	발달권	참여권
아동이 안전하고 건강하게 자라며 기본적인 삶을 누릴 수 있는 것	아동에게 해로운 모든 위험한 것들로부터 보호받는 것	아동이 자유롭게 교육을 받고 놀 수 있는 것	아동이 자신과 관련된 문제에 의견을 말하고 지역사회 활동에 참여할 수 있도록 하는 것

3. 아동의 권리에 대해 맞게 설명한 것끼리 연결해 봅시다.

참여의 권리 ●　　　　　　　　● 아동이 안전하고 건강하게 자라며
　　　　　　　　　　　　　　　　　기본적인 삶을 누릴 수 있는 권리

생존의 권리 ●　　　　　　　　● 아동에게 해로운 모든 위험한 것들로부터
　　　　　　　　　　　　　　　　　보호받을 수 있는 권리

보호의 권리 ●　　　　　　　　● 아동이 자유롭게 교육을 받고
　　　　　　　　　　　　　　　　　놀 수 있는 권리

발달의 권리 ●　　　　　　　　● 아동이 자신과 관련된 문제에 대해
　　　　　　　　　　　　　　　　　의견을 말하고 지역사회 활동에도
　　　　　　　　　　　　　　　　　참여할 수 있는 권리

아름다운 아이 ★아마존 선정 인생책 100

글, 그림 R. J. 팔라시오　출판사 책과콩나무

우리는 장애를 가진 아이를 어떤 눈으로 보고 있나요?

책 속으로

　열 살 어거스트 풀먼은 선천적인 안면 기형을 안고 태어났다. 27번이나 수술을 했지만 평범한 얼굴을 갖기는 어려웠다. 끔찍하게 생긴 얼굴 탓에 괴물, 변종, 구토 유발자, 골룸, 오크족 등 수많은 별명으로 불리고 누구든 그의 얼굴을 한 번 보기만 하면 악몽을 꿀 정도라고 한다. 그래서 어거스트는 사람들의 시선을 피해 헬멧을 2년 동안 쓰고 다니고 홈스쿨링을 하며 외부와 차단한 채 살았다. 그러다 어거스트는 학교에 가기 위해 드디어 헬멧을 벗는다.

　어거스트는 친구들에게 괴롭힘을 당하고 학교 내에서도 차별과 격리를 받는다. 하지만 새로운 반 서머는 어거스트를 지키면서 친구가 되어 준다.

　이 이야기는 어거스트의 친구, 가족, 학교 구성원들의 시선에서 펼쳐진다. 그들은 처음에는 어거스트의 모습 때문에 거리를 두지만 점점 어거스트를 이해하고 지지하기 시작한다. 이를 통해 정의로움과 용기, 올바른 선택이 무엇인지 알게 된다. 무엇보다 편견 없는 아름다운 세상에 대해 생각하게 된다. 남들과 똑같이 평범한 얼굴을 갖는 것이 유일한 소원인 어거스트. 어거스트가 얼마나 똑똑한 아이인지, 얼마나 재미있는 아이인지, 얼마나 섬세한 아이인지 알 수 있는 사람은 없을까?

시크릿한 책 속 비밀

우리는 늘 외모로 사람을 판단하지 말라고 이야기합니다. 그런데 아이들은 조금만 못생겼다고 느끼거나, 옷이 더럽거나, 공부를 못한다고 느끼면 어느 순간 상대를 무시하기 시작합니다. 그 아이가 왜 그런 모습을 하게 되었는지는 관심이 없습니다. 그저 나와 다르다는 사실만으로도 불편함의 대상이 되곤 하지요.

저의 큰 아이가 사고로 눈 위에 큰 상처를 얻은 적이 있습니다. 2시간에 걸친 수술을 기다리면서 '그저 살아만 있게 해 주세요'라는 생각이 들더라구요. 눈 위에 남겨진 흉터를 보니 정말 마음이 아팠습니다. 한참 사춘기를 지나고 있고 무엇보다 친구들도 외모로 예민할 때이니까요. 그러나 감사하게도 어느 하나 아이를 놀리거나 마음에 상처를 준 친구가 없었습니다. 조금씩 흉터는 나아졌고 마음의 상처도 극복할 수 있었지요.

누구나 어느 순간 예기치 못한 일을 겪을 수 있습니다. 순식간에 장애를 갖게 될 수도 있지요. 자신이나 혹은 내 아이의 일이라고 입장을 바꿔 보면 따스한 시선으로 바라볼 수 있지 않을까요? 이 책에 나오는 교장선생님 말씀처럼 외모는 바꿀 수 없으니 우리의 시선을 바꿔야 하겠지요.

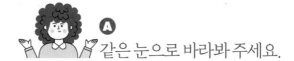

Ⓐ 같은 눈으로 바라봐 주세요.

장애를 가진 아이의 부모님은 늘 말씀하십니다. 사람들의 왜곡된 시선에 더 상처를 받는다고 말이지요. 쯧쯧 혀를 차는 소리, 불쌍하다는 듯한 눈빛 등은 삶에 대한 의욕을 떨어뜨린다고 해요. 장애를 가진 아이도 다른 아이를 대할 때와 같은 눈으로 바라볼 수 있도록 노력해야 합니다.

인사이트 팁 김 쌤이 나누고픈 한마디!

• 형제, 자매 중에 장애가 있는 경우 부모님은 그 아이를 케어해야 되기 때문에 장애가 없는 아이가 소외되기 쉽습니다. 무엇이든 알아서 해야 하고, 잘해야 하지요. 자신이라도 부모님을 속상하게 하지 않으려고 최선을 다합니다. 그러나 이 아이들이 상처받는 경우는 꽤 많습니다. 제자 중에도 세 자매 중 언니, 동생이 장애를 앓고 있는 아이가 있었습니다. 이 친구는 밝은 모습으로 언니, 동생을 챙기고 엄마도 위로해 드리는 기특한 아이였죠. 물론 장애가 있는 친구에게 더 마음과 시간을 쏟아야 하는 것은 맞지만 저는 부모님께 한 달에 한 번씩은 온전하게 이 아이에게만 시간을 쏟아 줄 것을 부탁했습니다.

아이에게 무조건적인 희생을 강요하지 말아 주세요. 아직 어린아이입니다. 저는 개인적으로 국가에서 장애인에 대한 지원뿐 아니라 비장애 형제자매를 위한 지원책도 마련해야 한다고 생각합니다.

- 이 책에 나오는 '브라운 선생님의 경구' 12가지를 써 봅시다.
  (경구란, 진리나 삶에 대한 느낌이나 사상을 간결하고 날카롭게 표현한 말입니다.)

1월 금언	7월 금언
2월 금언	8월 금언
3월 금언	9월 금언
4월 금언	10월 금언
5월 금언	11월 금언
6월 금언	12월 금언

- 브라운 선생님의 경구를 보고 스스로 금언을 만들어 봅시다.
  (금언이란, 삶에 본보기가 될 만한 귀중한 내용을 담고 있는 짤막한 어구를 뜻합니다.)

1.

2.

3.

수일이와 수일이

글, 그림 김우경, 권사우 출판사 우리교육 연계 교과 국어 5-1

나에 대해 얼마나 알고 있나요?

책 속으로

맨날 놀고 싶어 하고 공부는 하기 싫어하는 수일이는 자신을 대신할 가짜 수일이가 있었으면 한다. 쥐에게 자신의 손톱을 먹이면 가짜가 나타난다는 강아지 덕실이의 조언대로 수일이는 가짜 수일이를 만들어 낸다. 하기 싫은 일은 가짜 수일이에게 맡기고 온종일 놀러다니던 진짜 수일이는 어느 순간 외로움과 함께 가족의 소중함을 느낀다. 가짜 수일이에게 이제 그만 원래 있던 곳으로 나가 달라고 하지만 가짜 수일이는 부모님과 여행을 가고는 이제 학교도 가겠다고 선언한다. 진짜 수일이는 일상으로 돌아가고 싶지만 가짜 수일이가 모든 것을 대신하고 있어 속이 상한다.

어느 날 수일이와 강아지 덕실이는 빵을 나누어 먹고 쥐가 된다. 그 순간 고양이가 나타나 자신의 방울을 떼 달라고 한다. 고양이는 남에게 길들여지지 않고 자신의 모습대로 사는 들고양이가 진짜라고 이야기한다. 수일이는 자신이 진짜 수일이라는 것을 어떻게 설명할 수 있을까 고민한다. 수일이는 자신에게 주어진 문제를 스스로 해결하는 것과 남이 해결해 주는 것이 어떻게 다른지를 알아 간다. 진짜 자신을 비롯해 소중한 가족과의 일상을 찾기 위해 수일이는 어떻게 했을까?

시크릿한 책 속 비밀

이 책은 옛날 이야기에서 모티브를 찾고 판타지 내용을 통해 흥미를 불러일으킴과 동시에 생각할 거리를 전달한다는 점에서 고학년 추천 도서로 자주 거론되곤 합니다.

'내가 여러 명이면 얼마나 좋을까?' 매일 바쁜 학원 스케줄에 쫓기는 요즘 아이들의 심리를 재미있게 드러낸 말입니다. 자신과 똑같은 분신을 만들어서 재미있는 건 본인이 하고, 하기 싫은 숙제나 학원 수업은 가짜 자신에게 넘기고 싶은 마음이 들지요.

지금의 자리에서 벗어나고 싶은 마음이 가득했는데 막상 벗어난 후에는 다시 제자리로 돌아가고 싶어하는 수일이를 보며 어떤 삶이 맞는지 고민할 수 있습니다. 들고양이의 말처럼 길들여지는 게 아니라 자기 자신을 찾는 과정이 있어야 가짜 수일이를 원하지 않게 되겠죠? 그렇게 하려면 자신이 할 일을 자기 주도적으로 계획하고 이끌어 나가는 힘을 길러 주어야 합니다.

🙋‍♀️ A 나에 대해 자주 생각해 보세요.

나는 무엇을 좋아하고 어떨 때 행복한지, 내가 자주 느끼는 감정은 어떤 것이고 하고 싶은 일은 무엇인지 아이들과 이야기 나누어 보세요. 이런 것이 자신을 탐색해 볼 수 있는 대화들입니다. 자신에 대한 충분한 이해가 먼저 선행되어야 다른 사람을 이해할 수 있습니다.

- 아바타가 있다면 어떤 느낌일까요? 아이들은 온라인상에서 아바타를 만들며 열광합니다. 최근 게임 세상에는 너무나 많은 아바타가 있고, 메타버스 세상에서 아이들은 훨씬 더 많은 아바타를 분신처럼 사용하게 될 것입니다. 가상 세계와 현실 세계의 경계가 허물어지는 것이지요.

  앞으로는 학교에서도 대면 수업에서 원격 수업을 넘어 메타버스로 시공간을 넘나들며 학습할 것입니다. 단순히 원격 수업보다는 훨씬 더 많은 상호작용과 장점이 있겠지만 역시나 부모님들은 가상의 세계에 대한 걱정이 앞섭니다.

  최근에는 이런 아바타를 활용한 특별한 일이 벌어지고 있습니다. 세상을 먼저 떠난 자녀, 아내, 유명한 가수 등을 복원해 사람들과 다시 만나는 기회를 마련해 준 것이지요. 과학 기술은 점차 발전하고 있고, 이제 이런 기술을 가치 있게 사용하는 것이 중요한 때입니다.

부모와 아이의 인사이트 확장을 위한 TIP

• 현실 속에서의 진짜 자신과 사이버상에서의 아바타에게만 있는 것들로는 무엇이 있을까요? 구분해서 비슷한 점은 원과 원이 만나는 가운데 적고, 서로 다른 점은 각각의 원에 적어 봅시다.

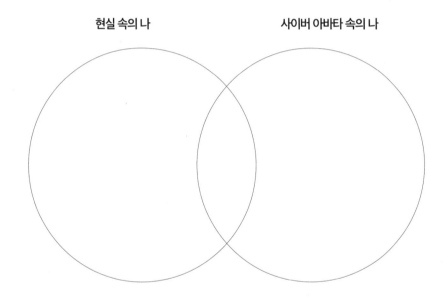

현실 속의 나　　　　　　　　**사이버 아바타 속의 나**

혼자 되었을 때 보이는 것 ★^(구)문화체육관광부 우수 도서

글, 그림 남찬숙, 정지혜   출판사 미세기

Q

단짝이 없는데 괜찮을까요?

책 속으로

눈병으로 일주일 동안 결석하는 바람에 외톨이가 된 시원이. 그 사이 단짝 혜진이에게 배신을 당했다. 혼자인 자신을 보고 놀릴 친구들을 생각하니 너무 속상하고 창피하다. 아무렇지 않은 척 지내려니 여간 힘든 게 아니다. 그런데 혼자가 되어 보니 그제야 다른 친구들이 보인다. 평소 자신과 다른 아이, 자신보다 형편이 넉넉지 못한 아이들에게 거리를 두었던 시원이는 민지를 알아가면서 그들을 진정으로 이해하게 된다. 시원이는 발달장애가 있던 성현이에게까지 마음을 나누기 시작한다. 그러던 어느 날 혜진이가 시원에게 다시 돌아온다. 그러면서 시원이는 다시 민지와 어색해진다.

성현이를 괴롭히는 재현에게 용감하게 대응하는 건 반에서 오로지 민지뿐이다. 민지 때문에 재현이가 다쳤다며 학교를 찾아온 재현이 엄마. 그 모습을 보며 시원이는 용기를 낸다. 그 모습에 단짝 혜진이도, 반 친구들도 모두 나선다.

시크릿한 책 속 비밀

아이들은 자랄수록 자신만의 세계관이 뚜렷해집니다. 단짝, 그룹, 조금 더 심해지면 자신들끼리 똘똘 뭉치며 파(派)까지 만들곤 합니다. 특히 여자아이들은 단짝의 의미가 무척 강하지요. 등하교도 혼자 하면 왕따인 것 같고, 화장실도 같이 가야 할 것 같습니다. 때때로 학급 내에서 센 아이는 자신이 마음에 드는 친구들만 모아서 다른 친구들과는 놀지 못하게 그룹을 구성하기도 합니다. 아이들은 왜 이런 행동을 하는 것일까요?

이 시기에는 또래 집단의 의미가 무척 큽니다. 부모가 아닌 비슷한 나이 또래들로부터 욕구를 충족하고자 하지요. 비슷한 또래와 정서적 교감을 통해 사회화 과정에서 발생하는 어려움을 극복해 갑니다. 구성원에게 연대와 충성심을 요구하면서 자신들과는 조금 다른 아이에게 배척하는 모습을 보이기도 합니다.

주인공은 혼자가 되어 보니 비로소 소외된 친구들이 눈에 들어왔다고 합니다. 상대방의 입장에서 생각하고 판단하는 것이 얼마나 중요한지 알 수 있는 부분이지요. 왕따를 소재로 한 이야기라서 자칫 무겁게 느껴질 법도 하지만 아이다운 활기와 명랑함을 지닌 캐릭터들이 생생하게 살아 있는 고학년 동화입니다.

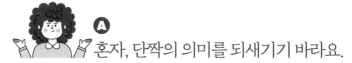

혼자, 단짝의 의미를 되새기기 바라요.

저는 아이들에게 두루두루 놀기를 계속 권장합니다. 일부러 모둠을 찢어 놓기도 하고, 때론 서로 비슷해 보이는 친구들끼리, 때론 성향이 완전 다른 친구끼리 앉게 합니다. 이런 활동을 통해 새로운 친구를 얻는 경우가 많습니다. "너 아니면 안 돼. 너랑 나랑은 베프야"라는 말을 자주 하는 친구들은 이내 "너랑 절교야"라는 말도 쉽게 하더군요. 그런 감정 싸움에 휘말리지 않도록 가정에서도 아이들을 두루두루 친하게 지낼 수 있도록 해 주세요. 무엇보다 외로움 자체가 싫어서 그 친구가 싫은데도 놀고 있다면 혼자서도 괜찮다는 걸 말해 주세요. 학급에서도 4~5명은 혼자서 책을 보거나 그림 그리는 친구들이 늘 있습니다. 그러니 걱정하지 않아도 된다고 알려 주세요!

부모와 아이의 인사이트 확장을 위한 TIP

• 아이들은 부모님과 선생님께 이야기해 봤자 해결이 되지 않을 거라는 선입견을 가진 채로 혼자 어려움을 이겨 내려 하는 경우가 많습니다.

아이가 학교에서 교우관계로 힘들어하고 있다면 보통 등교하는 9시부터 하교하는 3시까지 6시간 가까이 정신적으로 힘든 시간을 보낸다고 봐야 하지요. 이런 이야기를 들으면 부모님들은 화부터 치미는 경우가 많습니다. 하지만 감정적인 반응을 보이면 아이는 죄책감을 느낄 가능성이 높습니다. 왕따를 주도하는 아이가 왜 그러는지 함께 생각해 보는 것이 먼저입니다. 또한 왕따를 당하며 듣게 되는 말이 무엇인지도 확인해야 합니다. 대부분 가해 아이들은 자기를 과시하려고 왕따를 하는 경우가 많기 때문에 저항할 수 있는 말을 찾아 주어야 하거든요. 아울러 아이에게 힘이 될 친구가 있는지도 찾아봐야 합니다. 만약 한 명도 없다면 아이가 좌절하기 전에 아이의 소중함, 엄마의 사랑을 마음껏 느끼도록 해 주시고 다양한 방법으로 문제를 해결할 수 있다는 것도 알려 주세요.

아이들은 자신에게 주어진 것이 이 세상 전부라고 느끼기 때문에 이 상황에서 절대 벗어날 수 없을 거라는 무력감에 빠집니다. 학교폭력 절차로 해결할 수 있다는 점 외에도 학교를 다니지 않고 검정고시를 볼 수 있다는 것, 대안학교를 찾거나 다른 학교, 지역, 나라로 갈 수 있다는 걸 미리 말씀해 주세요.

아이의 마음을 편안하게 해 주고, 나쁜 생각을 하지 않게 하는 것이 절대적으로 우선되어야 합니다. 도망치는 것이 아니라 자신이 모르는 많은 선택지가 있다는 걸 아는 것만으로도 아이들의 마음을 편안하게 해 줄 수 있습니다.

- 우리 모두는 소중합니다. '태몽'이 있다면 아이에게 이야기해 주시고 임신을 확인했을 때 얼마나 기뻤는지 이야기해 주세요.

- 아이를 위한 가족, 친척들의 축복의 말을 적어 볼까요? 아이가 직접 전화를 걸어 안부 인사도 여쭈면서 어른들이 해 주시는 말씀들을 적어 보세요. 훗날 아이에게 힘이 되어 줄 것입니다.

축복해 주신 분	축복의 말씀

엄마의 마흔 번째 생일

글, 그림 최나미, 정문주   출판사 사계절

Q '무관심'은 아이에게 어떤
영향을 끼칠까요?

책 속으로

　엄마가 자신의 꿈을 위해 그림을 그리기 시작하면서 가영이네 가족은 갈등
이 시작된다. 치매를 앓는 할머니를 두고 그림을 그리러 가는 엄마를 이해하
지 못하는 아빠는 계속해서 남과 여로 구분 지으며 엄마에게 희생을 강요한
다. 그러나 엄마는 할머니의 모습에서 자신을 본다. 평생을 고생하며 살고, 아
들, 아들만 외치던 시어머니의 모습을 보며 자신은 그렇게 생을 마감하고 싶
지 않다. 하지만 엄마의 생각을 어느 누구도 이해하지 못한다. 아빠는 엄마가
다른 여자들처럼 집에서 살림만 하기를 바란다. 아이들의 투정 역시 꿈 많은
엄마의 가슴에 상처를 남긴다.

　그렇게 할머니는 돌아가셨고, 엄마는 할머니가 돌아가신 날 마흔 번째 생일
을 맞이한다. 그날 엄마와 아빠는 헤어져 있는 삶을 선택하고 가영이는 절대
알 수 없던 엄마의 마음을 조금씩 이해할 수 있게 된다. 엄마와 아빠가 함께 행
복하게 살면 좋겠지만 그렇지 않아도 불행하지 않을 것 같기 때문이다. 가영
이는 엄마의 새로운 시작에 응원을 보내며 엄마가 잃어버린 삶의 조각을 멋지
게 찾기를 진심으로 기원한다.

시크릿한 책 속 비밀

초등학교 저학년 아이들과는 『돼지책』을 통해 집안일이 한 사람에게만 몰리면 안 된다는 사실과 함께 엄마가 꿈을 향해 나아가는 모습에 대해 배웠습니다. 『엄마의 마흔 번째 생일』은 장편동화라서 고학년이 되어야 읽을 수 있습니다. 당연히 훨씬 더 섬세하고 적나라한 표현들이 있습니다. 여자라서 안 된다는 편견을 깨려고 고군분투하는 엄마의 말과 생각을 그대로 느낄 수 있지요. 아이들이 책을 읽을 때 주인공의 시점에서 이해하는 시간을 가지면 좋겠습니다. '네가 주인공이라면 엄마를 이해할 수 있겠는지, 엄마의 이혼이라는 선택을 받아들일 수 있는지, 가족의 역할은 무엇이라고 생각하는지' 말이지요. 아이와 대화를 나누면서 가족의 의미를 다시 되새기는 시간이 되길 희망합니다.

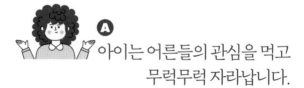

아이는 어른들의 관심을 먹고
무럭무럭 자라납니다.

정서적 무관심은 아이에게 큰 상처를 안겨 줍니다. 특히 어릴 적에 무관심을 겪은 아이는 어른이 되어서도 안정적인 인간관계를 맺기 어렵지요. 스스로 사랑받을 자격이 없다고 느끼거나 자기 파괴적인 생각을 하는 경우도 생깁니다. 아이의 안정감을 키우는 데 필요한 가장 근본적인 에너지인 아이에 대한 '관심'을 놓지 말아 주세요.

부모와 아이의 인사이트 확장을 위한 TIP

• 이야기 속에서 가영이네 가족은 행복한가요? 가영이네 가족 구성원의 행복 점수를 표시해 봅시다.

나(가영이)	엄마	아빠	할머니	언니
10	10	10	10	10
9	9	9	9	9
8	8	8	8	8
7	7	7	7	7
6	6	6	6	6
5	5	5	5	5
4	4	4	4	4
3	3	3	3	3
2	2	2	2	2
1	1	1	1	1

행복 점수가 가장 높은 사람은 누구인가요?

그 이유는 무엇이라고 생각하나요?

_____

행복 점수가 가장 낮은 사람은 누구인가요?

점수를 높이려면 어떻게 도와줄 수 있을까요?

_____

_____

• 우리 가족은 어떤가요? 여러분이 생각하는 가족 구성원의 행복 점수를 표시해 봅시다.

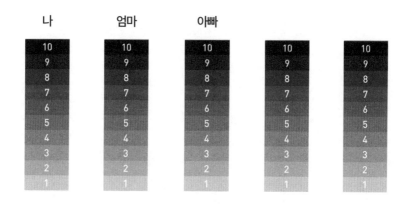

나   엄마   아빠

행복 점수가 가장 높은 사람은 누구인가요?

그 이유는 무엇이라고 생각하나요?

행복 점수가 가장 낮은 사람은 누구인가요?

점수를 높이려면 어떻게 도와줄 수 있을까요?

이 세상에 태어나길 참 잘했다 ★(사)행복한아침독서 추천 도서

글, 그림 박완서, 한성옥 출판사 어린이작가정신

Q 존재의 이유는 무엇인가요?

책 속으로

　주인공 복동이는 엄마의 목숨을 담보로 태어난 아이이다. 태어나자마자 어머니가 돌아가시고 아버지는 떠났다. 한때는 자신을 버림받은 아이라고 생각했다. 왜냐하면 엄마, 아빠 없이 이모와 외할머니와 지냈기 때문이다. 이모의 잔소리쯤은 흘려보내도 된다고 생각한다. 그러나 자신만 빼놓고 미국과 영어마을로 어학연수를 가기로 한 친구들의 이야기를 듣고는 자신도 미국에 계신 아버지에게 보내 달라고 보챈다. 그렇게 새로운 가정을 일구고 있는 아버지를 만나게 되면서 복동이는 자신의 존재와 가족에 대해 진지하게 생각하게 된다. 새롭게 맺어진 가족을 이해하기 쉽지는 않지만 조금씩 마음의 문을 열고 서로의 존재를 받아들이게 된다. 이 세상 모든 생명에는 다 뜻이 있고 태어나게 된 이유가 있다는 것을 느끼며 복동이는 다시 한국으로 돌아온다. 특히 한국계 입양아였던 브라운 박사의 이야기를 듣고 '이 세상에 태어나길 참 잘했다'라고 생각한다.

시크릿한 책 속 비밀

　초등학교 1학년인데 "저 같은 건 죽으면 되잖아요"라고 말하는 아이가 있었습니다. 제가 가르치는 3학년 아이와 운동장에서 시비가 붙었는데, 초임이신 담임 선생님이 너무나 힘들어하는 아이라 직접 이야기를 나누어 보았습니다. 처음에는 대화를 계속 거절하더니 "경찰서에 보내도 돼요"라고 말하더라고요.

　마음이 아팠습니다. 도대체 어떤 상처가 있길래 처음 본 선생님에게 저렇게

이야기를 할까? 알고 보니 어머님이 우울증을 심하게 앓으셔서 아이를 통제할 수 없는 상태였고, "나 같은 건 죽어야 돼, 너 같은 건 죽어야 돼, 너 자꾸 그러면 경찰아저씨 부른다"라는 말을 반복적으로 하고 계셨지요. 관리자분들과 해당 어머님, 이혼하신 아버님까지 모시고 긴급협의가 진행되었고, 위기아동으로 분류되어 상담치료 및 사회복지사 연계 등을 진행했습니다. 그동안 아이는 얼마나 힘들었을까요. '나 같은 게 이 세상에 왜 태어났을까?'를 반복하며 스스로 가두고 있었을 아이를 생각하니 정말 마음이 아팠습니다. 모든 아이가 '이 세상에 태어나길 잘했다'는 생각이 들 수 있게 어른들이 도와야 할 것입니다.

A 사랑
그 자체입니다.

사랑받고 사랑할 때 비로소 자신의 존재 이유를 깨닫게 됩니다. 특히 가족으로부터 사랑받는 존재라는 것을 느낄 때 생명존중교육 효과도 있습니다.
자신이 무의미하고 불필요한 사람이라는 생각을 갖지 않도록 많은 사랑을 표현해 주세요. 존재의 이유는 역할과 성취가 아닌 사랑 그 자체라는 것을 스스로에게 부여하면 되는 것입니다.

부모와 아이의 인사이트 확장을 위한 TIP

• 우리 시대 대표 소설가 박완서 작가님에 대해 알아볼까요?

박완서 작가님은 황해북도 개풍군에서 태어났습니다. 세 살 때 아버지를 여의고 서울로 이주하게 되었지요. 똑똑했던 오빠는 죽음을 맞이하고 그 후 심각한 가난을 겪게 됩니다. 1970년 불혹의 나이에 『나목』이 당선되어 등단했으며 이후 우리의 일상 속에 숨겨진 아픔을 모두 글로 표현해 냈습니다.

『그 많던 싱아는 누가 다 먹었을까』는 학교마다 온책읽기로 읽혀질 정도이며, 『그대 아직도 꿈꾸고 있는가』, 『그 산이 정말 거기 있었을까』, 『미망』 등 주옥 같은 책들을 많이 펴냈지요. '박완서 문학관'을 건립하기 위해 경기 구리시는 애쓰고 있으며, 장녀 호원숙 씨와 MOU를 맺었다고 합니다. 따님은 작고한 어머니에 대한 절절한 마음을 담음 수필집 『엄마는 아직도 여전히』를 펴냈다고 하지요. 마흔이 넘어 글쓰기 시작하신 박완서 작가님. 돌아가신 후에도 그 여운이 남아 있는 것을 보면 그의 책 제목처럼 세상에 태어나길 참 잘하신 분인 것 같습니다.

박완서 작가님
ⓒLTI Korea

- 아이와 함께 다양한 가족의 모습을 살펴봐 주세요.
  - 가족은 서로 다른 형태를 하고 있지만 모두 '**사랑**'합니다.
  - 가족은 구성이나 살아가는 환경에 따라 **다양하게** 나타납니다.

조손 가정이란?	한부모 가정이란?
입양 가정이란?	다문화 가정이란?

※다른 형태의 가족일지라도 편견이나 차별을 두어서는 안 됩니다.

시간 가게 ★제13회 문학동네어린이문학상 수상

글, 그림 이나영, 윤정주   출판사 문학동네

Q 초등학생, 중학생의 수면 시간은 얼마가 적당할까요?

책 속으로

10분의 시간을 살 때마다 행복한 기억을 하나씩 주면 되는 거래. 바로 시간 가게에서 이루어진 위험한 거래이다. 주인공 윤아는 아빠가 위암으로 돌아가시고 엄마가 보험설계사 일을 시작하면서 엄마를 위해 1등을 하고 싶어졌다. 윤아는 수학시험을 보다 시간을 멈추고 수영이의 시험지를 참고해서 올백을 맞는다. 그렇게 전교 1등을 하고 엄마를 춤추게 한다. 윤아는 또 시간을 샀는데, 다음 시험에서는 작동이 잘 되지 않아 전교 2등을 하게 된다. 그러나 국제중에 가겠다면서 2등을 하면 어떡하냐는 엄마의 핀잔을 듣게 된다.

시간만 사면 행복할 줄 알았는데 윤아의 과거도 현재도 엉망이 되어 버렸다. 행복은 머리가 아니라 몸과 마음이 기억해야 한다던 할아버지의 말씀이 떠오른다. 윤아는 자신이 좋아했다는 곶감도, 그토록 갖고 싶어 하던 하트 목걸이도 기억이 나지 않는다. 할아버지에게 행복한 기억을 되돌려 받고 싶다고 하자 시간을 도로 팔면 된다고 한다. 윤아는 시계를 되돌려 주러 할아버지게 가고, 다른 방법을 찾자는 할아버지 앞에서 시계를 망가뜨린다. 그제야 윤아는 마법 같은 일은, 자신이 행복은, 직접 만들어야 된다는 것은 알게 된다.

시크릿한 책 속 비밀

아이들이 선택한 위험한 거래. 왜 아이들은 그런 위험한 생각까지 하게 될까요? 너무 바쁘기 때문일 겁니다. 실제로 아이들의 이야기를 들을 때마다 깜짝 놀라곤는 합니다. 학교가 끝나면 서둘러 월수금은 영어학원, 화목은 수학

학원을 가더라고요. 그렇게 4시부터 7시까지 수업을 듣고 늦은 저녁을 먹습니다. 그 뒤 또 수업이 있으니 편의점에서 삼각김밥과 라면으로 끼니를 대충 때우지요. 학원을 마치고 집에 오면 11시가 다 됩니다. 이후 학원 숙제를 해야 되니 새벽 1시에 자는 것은 기본이고요. 피곤한 몸을 이끈 채로 학교에 가면 학교 숙제를 못해서 다시금 지적을 받습니다. 상황이 이러니 주말은 보충하는 시간입니다. 부족한 수업을 더 보강해야 하지요. 예체능 수업은 예전에 그만 두었고, 하루 10분의 운동 시간도 확보하지 못하는 경우가 많습니다. 주말이 그렇게 지나갑니다. 다른 아이들도 다 그렇다며 아이를 채근하지만 그 사이 아이도 부모도 행복한 시간을 놓치고 있습니다. 행복한 추억을 쌓아야 할 때인데 더 열심히 하라는 잔소리만 늘어 가지요.

　우리 이렇게 사는 게 맞을까요? 여행도 마음 편히 못 가고 주말을 버텨야 하는 걸까요? 조금은 초연해졌으면 좋겠습니다. 부모님과 추억 쌓기를 많이 해 두어야 사춘기가 올 때 덜 방황합니다. 주인공도 돌아가신 아빠와의 행복한 추억이 기억 났기 때문에 되돌아온 것처럼 말이지요.

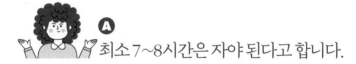

최소 7~8시간은 자야 된다고 합니다.

한국청소년정책연구원의 보고서 '청소년의 건강 및 생활습관에 관한 조사'에 따르면, 한국 초등학생 평균 수면시간은 8시간 41분이라고 합니다. OECD 평균보다는 약간 적은 편입니다. 미국에서는 10대 수면 권장 시간이 8~10시간이라고 합니다. 한국 평균 중학생 수면시간은 7시간 21분입니다. 한참 잠이 쏟아질 때인데도 수면시간이 현저히 줄어들었네요. 많은 학자들도 적정 수준의 수면을 취해야 두뇌발달과 건강에 도움이 된다고 밝히고 있습니다.

부모와 아이의 인사이트 확장을 위한 TIP

• 나의 평일 하루 일과를 시간대별로 적어 봅시다.

오전(6~12시)_____

오후(12~6시)_____

저녁(6시~12시)_____

• 나는 어떨 때 행복한지 생각하는 시간을 가진 후 적어 봅시다.

1. _____

2. _____

3. _____

4. _____

5. _____

악플 전쟁 ★학교도서관사서협의회 추천 도서

글, 그림 이규희, 한수진   출판사 별숲   연계 교과 국어 5-2

잊혀질 권리는 있을까요?

책 속으로

　전학 온 서영이는 예쁜 외모로 단숨에 학급 내에서 인기를 독차지한다. 더 군다나 음악시간에도 바로 칭찬을 받자 시기 질투하는 친구들이 생긴다. 미라 는 서영이 생일파티에 가서는 빨간 팬티와 브래지어를 선물로 준다. 서영이를 일부러 창피하게 만든 것이다.

　미라는 서영이가 거짓말쟁이라며 흑설공주라는 아이디로 공격한다. 서영이 의 탄자니아 의료봉사도 거짓이고, 엄마가 디자이너라는 것도 거짓말이라고 남긴다. 그 이후로도 계속해서 서영이는 과대망상증 환자라고 악플을 단다. 그야말로 악플 전쟁이 시작된 것이다.

　'맞다'에 대한 증거와 '아니다'에 대한 증거가 팽팽히 맞선다. 민주는 짱오 그룹에 들어가고 싶은 마음에 미라가 시키는 대로 미라의 머리핀을 서영이 가 방에 넣는다. 그렇게 서영이는 도둑으로 몰리고 흑설공주의 악플은 사실인 것 처럼 된다. 결국 서영이는 조퇴를 하고 아픈 마음을 이끌며 집으로 온다. 그러 나 민주는 대가를 받지도 못한 채 미라에게 배신을 당한다. 서영이는 오토바 이에 치이고 더 늦기 전에 민주는 진실을 고백한다.

　그렇게 반 친구들은 미라에 대한 분노와 서영이에 대한 안타까움, 민주의 용기에 박수를 보낸다. 그러나 서영이는 용서하지 못하겠다는 말을 남긴 채 아빠가 계신 탄자니아로 떠난다. 하고 싶은 말이 있으면 익명 뒤에 숨어서 공 격하지 말고 당당히 나섰다면 이렇게 일이 커지지 않았을 거라는 말을 남긴 채 말이다.

시크릿한 책 속 비밀

　악플로 인해 상처받는 아이들을 위로하기 위해 쓰인 『악플 전쟁』은 작가님이 환갑이 넘은 나이에 만든 책이라고 합니다. 그만큼 '악플'로 인한 심각성을 절실히 느꼈던 것이죠. 질투심에 못 이겨 인터넷상에서 거짓말을 쓰는 아이와 일부러 모르는 척하는 아이를 보여 줌으로써 가해자와 방관자의 입장을 세심하게 그려 냈습니다. 악플은 단순히 개인의 문제가 아닌 사회적 문제이며 방관하는 자들의 잘못도 크다는 것을 보여 줍니다.

　『악플 전쟁』은 인터넷 문화와 예절과 관련해서 초등학교 고학년들이 읽어야 하는 바이블과도 같습니다. 실제로 5학년 2학기 교과서에 수록되어 있어서 해당 학습을 할 때 아이들과 많은 이야기를 주고받게 됩니다. 아이들은 대부분 익명성에 숨는 게 비겁하다고 말을 하더군요. 아이들의 비뚤어진 질투심이 돌이킬 수 없는 범죄가 되지 않도록 올바른 인터넷 예절을 꼭 점검할 필요가 있습니다. 인터넷 문화의 장점도 있지만 그 폐해 또한 크다는 것을 알려 주세요. 무엇보다 '다른 사람을 이해하고 존중하는 마음을 갖는 것이 중요하다'고 꼭 알려 주세요.

Ⓐ
유럽인권협약 제8조에 따라 '잊혀질 권리'는 존재합니다.

검색엔진 속에 조사되는 정보에 의한 권리는 사생활로 보호받는 사람에 대한 권리들을 포함하고 있습니다. 이에 대해 표현의 자유와 대립한다는 의견도 팽팽하지만, 정보 주체가 동의를 철회하거나 정보 수집 또는 처리 목적에 부합하지 않는 경우 등은 잊혀질 권리의 성립 요건으로 받아들여지고 있습니다.

부모와 아이의 인사이트 확장을 위한 TIP

• 내가 생각하는 '선플'이란 무엇인가요?

_____

_____

_____

_____

_____

• 방송에 보도된 인상 깊은 뉴스를 듣고 선생님이 기자가 되어 기사를 작성해 보았어요. 다음 기사를 읽고 선플을 직접 달아 볼까요.

입력 2023-00-00 00:00:00   수정 2023.00.00 00:00:00   김선 기자

안양시에 소재한 ○○고등학교가 인터넷 포털에서 선플 달기로 모은 사이버 기금 120만 원을 환경 단체에 기부했다. 1일 ○○고등학교에 따르면 '선플 더하기 행복 나누기' 캠페인을 통해 학생과 교사들이 참여해 모은 금액이라고 밝혔다.

○○고등학교는 인터넷상에서 악성 댓글(악플)로 힘들어하다 세상을 떠난 한 연예인 사건을 계기로 악플에 고통받는 이들에게 용기와 희망을 주는 선플을 달아 주자는 취지로 캠페인을 시작했다. 학생자치회를 중심으로 시작된 캠페인은 일상생활에서 바른 언행을 실천하는 생활실천 캠페인으로 확대되었다.

○○고등학교 학생들은 꾸준한 선플 달기 운동으로 여섯 차례 동안 700만 원 가까이 전달하였다. 이번 캠페인을 이끌어 온 2학년 ○○○ 학생은 "캠페인으로 모은 사이버 기금으로 이웃과 함께할 수 있게 되어 뜻깊은 시간이었다"라고 소감을 밝혔다.

ㄴ 닉네임:

ㄴ 댓글:

등록

0/200

긴긴밤 ★제21회 문학동네어린이문학상 대상

글, 그림 루리   출판사 문학동네

Q
진정한 복수는 무엇일까요?

책 속으로

코끼리 무리 속에 있던 세상에 마지막 하나 남은 코뿔소 노든. 노든은 코끼리 가족의 지지에 힘입어 고아원에서 자신의 길을 찾아 나선다. 그 길에서 아내를 만나고 딸을 낳으며 인생 최고의 행복을 누린다. 하지만 인간들에 의해 아내와 딸을 잃고 동물원에 옮겨져 복수심에 불타지만 코끼리 친구 앙가부를 만나며 점차 평온을 얻는다. 그러나 이내 앙가부도 인간에 의해 뿔을 잘리고 죽게 된다. 원망으로 가득 차 있는 그 순간 불길이 솟으며 전쟁이 난다. 그 자리를 도망치듯 나오다가 노든은 양동이 속에 알을 갖고 있는 펭귄을 만나 여정을 함께하기로 한다. 그러나 그 과정에서 펭귄 치쿠도 세상을 떠난다. 노든은 마지막 치쿠의 부탁을 들어주기 위해 알을 가지고 바다에 가고, 그 과정에서 아기 펭귄이 태어난다.

자신이 누군지 묻는 질문에 "너는 너"라고 대답하는 노든. 이름이 있었으면 좋겠다는 아기 펭귄의 바람에 너를 좋아하게 되면 누구나 한눈에 알아볼 수 있으니 이름은 없어도 괜찮다고 격려한다. 나 자신으로 살아가는 것, 나 자체로 알아봐 주는 것. 긴긴밤 노든은 아기 펭귄에게 그 귀한 따스함을 전해 준다.

시크릿한 책 속 비밀

바다로 향하는 펭귄이 바다에 도착할 때까지 얼마나 긴긴밤을 보냈을까요? 그리고 앞으로 얼마나 많은 긴긴밤을 홀로 보내야 할까요?

코뿔소와 펭귄이 보낸 길고 긴 긴긴밤. 서로를 의지하며 보냈던 긴긴밤. 살아가면서 누구나 말할 수 없는 고통으로 괴로웠던 긴긴밤이 있었을 것입니다. 지금의 내가 있기까지 나를 향한 많은 사람들의 눈물과 고통, 연대와 사랑의 밤이 있었던 것이지요.

이 책은 동물이 주인공이지만 사람의 삶과 너무나도 닿아 있습니다. 모든 것을 포기하고 싶은 순간, 원망과 분노로 가득 찬 순간에 만나는 희망과도 같은 존재. 노든에게는 앙가부와 치쿠, 아기 펭귄이 그러하였죠.

여러분에게는 어떤 희망이 있나요? 역경을 이겨 낼 수 있는 힘을 갖고 있나요? 서로 함께 있는 것만으로도 위로가 되는 누군가가 곁에 있기를 진심으로 기원합니다.

Ⓐ 진정한 복수는 용서라고 합니다.

눈에는 눈, 이에는 이. 내가 받은 상처를 그대로 돌려주는 복수가 결국 나 자신을 제일 힘들게 한다고 합니다. 내가 받은 상처에 대한 보상으로 인해 다시 내 자신이 상처를 받는 것이지요. 선인들은 진정한 복수는 나를 평온한 상태로 만들어 아픔을 치유하며 살아가는 것이라고 말하고 있습니다.

부모와 아이의 인사이트 확장을 위한 TIP

- 책을 읽고 아이와 생각해 볼거리에 대해 이야기 나누어 주세요.

1. 내가 노든이라면 많은 밤 중 언제가 가장 긴긴밤이었을 것 같나요? 그 이유는 무엇인가요?

2. 지금껏 살면서 나에게 긴긴밤이 있었다면 언제인가요?

3. 나에게 노든처럼 버팀목이 되어 준 사람이 있다면 누구인가요?

4. 여러분에게도 마지막까지 지켜 주고픈 '알'과 같은 존재가 있나요?

5. 내가 실천한 사랑의 연대가 있나요?

   (예를 들면, 튀르키예 지진 성금이나 고통받고 있는 사람을 도와준 사례가 있겠죠.)

- 인간에 의해 가족과 친구들을 잃은 노든은 인간들을 향해 복수하고 싶어 합니다. 여러분이 노든이라면 어떤 선택을 할지 정하고 그 이유도 적어 보세요.

복수를 한다.

복수하지 않고 다른 삶을 산다.

그 이유는?

_____

_____

_____

_____

꽃들에게 희망을

글, 그림 트리나 폴러스   출판사 시공주니어   연계 교과 국어활동 5-2

인생은 마라톤일까요?

책 속으로

> 애벌레 기둥이 만들어졌다. 발버둥 치며 서로를 밟으며 올라가는 그들은 정작 꼭대기에 무엇이 있는지 모른다. 그저 그래야 할 것 같아서 오르고 또 오른다. 위에 무엇이 있는지 모른다는 걸 자각한 호랑애벌레와 노랑애벌레는 오르던 것을 멈추고 내려가는 데 합의한다. 그렇게 함께 시간을 보내며 둘은 사랑에 빠진다. 그러나 시간이 흐르며 호랑애벌레는 다시금 기둥의 끝을 보고 싶어 하고 결국 둘은 헤어진다. 노랑애벌레는 힘든 시간을 보내다가 고치를 만드는 늙은 애벌레를 만나 나비가 되는 깨달음을 얻고 아름다운 나비로 다시 태어난다.
>
> 반면 애벌레들을 밟고 올라선 기둥 위에서 호랑애벌레는 기둥 끝에 아무것도 없다는 것을 알고 충격을 받는다. 이 자리가 밑바닥에서는 왜 그렇게 대단해 보였던 것일까? 호랑애벌레는 노랑나비의 도움을 받아 한계를 극복하고 나비가 된다.

시크릿한 책 속 비밀

> "방금 이야기를 나눈 그 애벌레를 짓밟고 올라갈 수 있을까?"
>
> 이 책에 나오는 기둥은 아이들에게 학생의 현실로 비유할 수 있습니다. 고치를 만들고 나비가 되는 것은 참자아를 찾고 꿈을 꾸는 과정을 보여 주지요. 이 책을 통해 내가 원하는 삶은 무엇인지 생각하는 시간을 갖기를 희망합니다.
>
> 우리 부모 세대는 자신이 경험했던 시대를 기준으로 아이들을 지도합니다. 더 열심히 살아야 하고 더 앞서 나가야 한다고 가르치지요. 아이들을 끊임없이 친구를 밟고 일어서야 합니다. 시험에서 하나라도 더 맞아야 하고, 상장도 하나라도 더 받아야 하지요. 그렇게 아이들이 올라선 길은 어디가 끝일까요? 그런데 아이들은 고치를 만들면 결국 아름다운 나비가 될 수 있다는 것을 알고 있습니다. 그렇게 꽃들에게 희망이 숨 쉬고 있습니다.

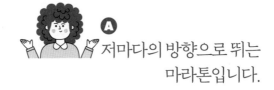

저마다의 방향으로 뛰는 마라톤입니다.

인생은 마라톤이라고 하지만 모두 한 방향으로 뛸 필요가 있을까요? 모두가 같은 목적지를 향해 뛰면 일등부터 꼴찌가 생기지만 자신의 종착지를 향해 달리면 모두가 일등이 될 수 있습니다. 그 방향을 위해 각자가 마라톤으로 달려가면 되는 것이지요.

부모와 아이의 인사이트 확장을 위한 TIP

• 『꽃들에게 희망을』을 읽고 다음 질문에 답해 보세요.

1. 애벌레에게 나비란 어떤 의미일까요?

_____

_____

2. 다음의 책 속 단어들은 삶에서 무엇을 의미할까요?

기둥 _____   애벌레 _____

고치 _____   나비 _____

3. 경쟁의 장점과 단점, 협동의 장점과 단점을 적어 봅시다.

_____

_____

4. 이 세상에서 진정으로 원하는 것은 무엇인지 적어 봅시다.

_____

_____

5. 다음의 가치 중에서 자신이 가장 중요하다고 생각하는 것 3가지를 고르고 이유를 적어 봅시다.

중요하다고 생각하는 가치

1 _____ 2 _____ 3 _____

그 이유는?

잘못 뽑은 반장 ★교과서 수록 도서

글, 그림 이은재, 서영경   출판사 주니어김영사   연계 교과 국어 5-1

Q '엄석대'를 기억하시나요?

책 속으로

모든 것이 불만인 이로운은 장애인인 누나도, 자신을 싫어하는 선생님과 친구들도, 누나만 이뻐하는 엄마도 마음에 들지 않는다.

자신과 짝이 되기 싫어하는 여자아이를 보며 이로운은 울컥한 마음에 반장이 되어야겠다고 다짐한다. 5표가 넘으면 일주일 동안 여자친구가 되어 주겠다고 했기 때문이다. 이로운은 8 대 7로 반장이 된다. 학급 아이들을 협박하고 달콤한 감언이설로 반장이 된 이로운은 계속해서 지각과 사고를 일으킨다.

반장이 되고 보니 뭐든 잘해야 되고 챙겨야 할 것이 너무 많아졌다. 자신을 대놓고 무시하는 1학기 반장 제하에게도 혼구녕을 내고 싶다. 보란 듯이 학교생활을 바르게 하고 싶다. 그러던 어느 날 6학년 형들에게 둘러싸인 여자친구 백희와 학급 친구들을 대신해 맞서 싸우면서 학급 문제를 해결한다. 제하와도 화해를 하고 공연도 성공적으로 끝내며 이로운네 반은 상을 받게 된다. 이로운은 무엇보다 반을 위하는 진심이 있었기에 잘못 뽑은 반장이었을지라도 '필요한 사람'이 되어 가고 있었던 것이다.

시크릿한 책 속 비밀

주인공 이로운은 모든 것이 불만이었다가 반장이 되면서 조금씩 달라집니다. 반장을 제대로 하고 싶다는 욕심이 생긴 것이지요. 급식, 우유, 선배와의 다툼 등 학급의 문제를 해결하면서 자신이 필요한 사람이 되어 간다는 기쁨을 느낍니다.

교실에서는 자신이 어디에서도 쓸모없는 사람이라는 생각에 힘들어하는

아이들이 있습니다. 그래서 오히려 자신을 부각시키기 위해 옆 친구를 괴롭히거나 문제행동을 일으키곤 하죠. 자신을 알아달라는 것입니다. 그런 친구들에게는 일부러 심부름을 시키기도 하고 조금만 잘해도 더 많은 칭찬을 합니다. 그렇기에 자기가 훨씬 잘했어도 더 못한 친구를 칭찬하는 선생님을 볼 수 있습니다. 이런 상황을 역차별로 느끼거나 불만을 갖기보다는 '이 친구도 우리 반에서 필요한 존재구나. 그래서 선생님께서 이렇게 칭찬으로 이끌어 주시는 구나'라고 마음 그릇이 커질 수 있도록 가정에서 지도해 주세요.

『우리들의 일그러진 영웅』 '엄석대'

『우리들의 일그러진 영웅』에는 엄석대의 독재에 어느 누구도 저항하지 못하는 모습이 담겨 있습니다. 반장 엄석대는 권위만 누릴 뿐 자신에게 반항하는 아이들을 따돌리거나 괴롭히고 물건을 빼앗는 등 의무는 이행하지 않습니다. 반 아이들의 무조건적인 복종으로 엄석대는 더더욱 독재자가 되고, 학급은 비민주적으로 변해 버렸지요. 이 책을 통해 더 무서운 대상에게 복종하며 스스로의 권리를 포기하고 있는 것은 아닌지 생각해 보면 좋겠습니다. 훗날 비겁했던 자신에게 창피해지지 않게 말이지요.

인사이트 팁 김 쌤이 나누고픈 한마디!

• 책에서는 해피엔딩으로 끝났지만, 부모님들은 아이들의 드라마틱한 변화를 기대하며 무조건 학급임원에 나가라고 강요하지는 않았으면 합니다. 친구들 앞에 서는 것을 힘들어하는 아이도 있고, 이끌어 나가는 것보다 뒤에서 지지하는 게 좋은 아이도 있습니다.

제가 가르친 학생 중에 자세가 좋다고 칭찬받는 것보다 아이들을 즐겁게 하는 걸 좋아하는 아이가 있었어요. 그런데 부모님께서 학급임원이 되면 좋겠다고 여러 번 강조하는 바람에 아이가 원하지도 않는 임원선거에 나온 일이 있었습니다. 문제는 임원선거에서 탈락했는데, 부모님이 실망하실까 봐 아이가 부모님을 속이고 학급임원이 됐다고 거짓말을 했던 것이죠. 자신의 모습을 감춘 채로 인정받도록 권유받으면 설사 그런 자리가 주어져도 아이들은 힘들어합니다. '임원이 되기만 하면 아이가 바뀌지 않을까' 하는 생각은 아이에게도 힘든 시간이 될 수 있습니다.

우리 아이가 어떤 아이인지 먼저 인지하고 아이의 성향에 맞게 의견을 존중해 주는 것이 훨씬 학교생활에 도움이 될 수 있습니다.

• 학교에서는 대부분 초등학교 3학년부터 학급회장과 부회장을 선발합니다. 아울러 5, 6학년에는 학생자치위원회 선거에 출마할 수 있지요. 이 친구들은 리더로서 자라나기 위해 다양한 리더십 캠프와 교육을 받습니다. 학교에서 리더는 어떤 역할을 할까요?

리더의 역할

1. 친구들과 선생님을 돕는 역할
2. 우리 반을 대표하는 역할
3. 회의를 진행하는 역할

리더가 아닌 친구들은 어떻게 해야 할까요?
리더는 우리 반을 더 좋게 만들기 위해 노력하고, 바른 행동을 하며, 친구들과 선생님을 적극적으로 돕는 친구들입니다. 우리의 투표로 당선된 임원의 리더십에 맞추어 함께하는 것은 무척 중요합니다.

리더에게 필요한 자질

1. 근면, 성실
2. 솔선수범
3. 함께하고자 하는 의지

• 내가 학급임원이 된다면 우리 반을 위해 어떤 것을 할 수 있을지 적어 봅시다.

1 _____

2 _____

3 _____

리버보이 ★카네기메달 수상

글, 그림 팀 보울러 출판사 놀

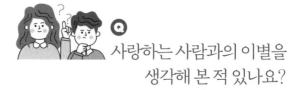

Q 사랑하는 사람과의 이별을
생각해 본 적 있나요?

책 속으로

제스는 할아버지에게 남은 시간이 얼마 없다는 것을 알고 친밀했던 관계가 없어지는 것을 두려워한다. 할아버지가 잠시 기운을 차리자 제스와 함께 마지막이 될 여행을 떠난다. 할아버지의 청소년기가 있었던 그곳에서 제스는 리버보이를 만나 미스터리한 체험을 하게 된다. 리버보이는 수많은 돌부리를 만나도 흘러가는 것이 인생이라는 진리를 가르쳐 주면서 제스에게 힘을 준다. 시간이 지나면서 리버보이는 할아버지가 어렸을 때였다는 것을 깨닫게 된다. 제스는 시들어 가는 할아버지를 떠올리며 눈물을 흘리고 슬퍼한다. 끔찍이도 손녀를 아꼈던 할아버지가 제스에게 원하는 것을 묻자, 제스는 할아버지가 그냥 행복해 줄 것만을 부탁한다.

시크릿한 책 속 비밀

손녀, 손주가 태어나는 순간부터 할머니, 할아버지가 되어 버린 우리의 부모님. 우리도 가끔 "엄마, 이렇게 젊었어요?"라는 이야기를 하는데, 아이들이 느끼기에 그 세대 간의 격차가 무척 큰 듯합니다. 과연 우리 아이들이 할머니, 할아버지의 젊은 시절, 아름다운 시절과 만나면 어떨까. 리버보이는 할아버지의 어릴 적 모습이었습니다. 그 미스터리한 경험으로 제스는 누군가를 잃는 과정이 슬픔만 존재하는 것이 아니라는 삶의 진리를 깨달으며 사랑과 인생을 알아가지요.

때때로 학급에서 조부상, 조모상으로 결석을 하는 아이들이 있습니다. "아

버지 많이 힘들어 하시지? 네가 잘 위로해 드려라"라고 말하면 "네, 선생님. 아빠가 종일 우세요"라고 말하는 친구가 있습니다. 사실 할머니, 할아버지와 의 시간이 적으니 그분들의 죽음보다는 부모님의 눈물이 더 마음 아플 수 있 지요. 그러나 최근처럼 워킹맘을 대신하여 할머니, 할아버지가 아이를 키우시 는 경우는 아이들의 상실감이 더 클 수 있습니다. 주 양육자를 잃은 아픔과 슬 픔을 또래보다 너무 빨리 깨달아 버릴 수도 있지요.

아이가 초등학교 고학년이라면 『리버보이』를 읽는 것을 꼭 추천하고 싶습 니다. 경험하지 않았기에 더 두려운 할아버지와의 이별. 리버보이를 통해서 할머니, 할아버지께서 살아 계실 때 한 번이라도 더 찾아 뵙고 인사드리는 아 이가 되기를 바랍니다.

그 순간을 떠올린다면
오늘 하루를 그냥 넘길 수는 없을 거예요.

늘 내 곁을 평생 지켜 주실 것 같던 부모님께 주어진 시간. 그 이별의 시간을 생각해 보면 오늘 하루를 그냥 넘길 수는 없을 것입니다. 유모차를 밀면서 아이를 키우던 시간이 지나고, 휠체어를 밀면서 부모님을 살피는 시간이 오 는 것이 너무나도 슬프지만 주어진 시간에 감사하며 더 자주 찾아뵙는 게 맞 다는 생각이 들었어요. 곁에 계실 때 한 번이라도 더 뵙기를 희망합니다.

부모와 아이의 인사이트 확장을 위한 TIP

• 할머니, 할아버지와 함께하는 추억 놀이를 준비해 주세요.

  우리 아이들은 할머니, 할아버지와 얼마나 친한가요? 영화 〈집으로〉에서처럼 큰 사랑을 주시는 조부모님들. 그런데 막상 무엇을 좋아하시는지 어떻게 해드려야 되는지 모르는 경우가 많지요. 의미 있게 보내지 못하고 어영부영 시간을 보내고 오는 경우가 많습니다. 이럴 땐 아이들에게 조부모님과 함께할 수 있는 놀이를 챙겨서 보내 주세요.

  공기놀이, 실뜨기 놀이, 고누 놀이, 윷놀이, 연날리기 등 그분들과 함께할 수 있는 간단한 놀이가 있다면 훨씬 유대감을 형성하기에 좋습니다. 저의 경우 점점 더 시간이 부족해질 것이 안타까워 한 달에 한 번은 할머니댁에 가기로 정했지요. 안 그러면 우선 순위에서 계속 밀릴 것 같아서요.

  내리사랑. 죽었다 깨어나도 다시는 느낄 수 없는 그 사랑을 조부모님이 계실 때 한 번이라도 더 느끼게 해 주세요.

엄마 아빠 미션

- 아이 사진으로만 가득찬 핸드폰에 부모님 사진을 담아 보아요.
- 지금까지 사진들을 모아서 사진 앨범 또는 디지털 액자를 선물해 드려요.
- 어렸을 때 부모님과 찍은 사진 그대로를 재현해서 다시 찍어 보아요.

아이들 미션

- 조부모님께 감사 편지를 적어 보아요.
- 가족 관계도를 그리고 조부모님의 성함, 연세도 적어 보아요.
- 조부모님께서 좋아하시는 노래를 불러 드리거나 재롱춤으로 즐겁게 해 드려요.

푸른 사자 와니니 ★2022 한스 크리스티안 안데르센 상 아너리스트 선정

글, 그림 이현, 오윤화   출판사 창비

Q 가장 무거운 벌은 무엇일까?

책 속으로

마디바 사자 무리에서 필요 없어서 버려진 어린 사자, 와니니는 초원의 법칙에 따라 홀로서기를 해야 하는 약하디 약한 존재이다. 와니니는 그동안 자신을 하찮게 여겨 왔다. 그러나 떠돌이 사자 아산테와 잠보를 만나 힘을 얻기 시작한다. 사냥 실력도 부족하고 덩치도 작지만 냄새와 소리를 잘 맡는 자신의 능력을 활용하여 와니니 무리를 이끌게 된다. 그 과정에서 같은 무리에서 낙오된 말라이카와 합류하고 그들은 힘을 보태기 시작한다. 혼자서는 쓸모없는 존재라고 느꼈지만 그들은 함께하면서 자신의 존재감을 느끼기 시작한다. 건기로 먹을 것이 하나도 없는 상황을 벗어나 푸르른 초원의 은가레강을 만끽하며 그동안 쓸모없는 것들이 자신을 지켜 준 것을 알게 된다. 아산테와 힘을 합쳐 마디바 무리에 다가간 와니니는 두려운 마음을 누른 채 마디바에게 위험을 알린다. 그 과정에서 자신을 지켜 주던 아산테를 잃게 되고 위대한 왕으로 태어나기 위해 슬픔을 누른 채 포효한다.

시크릿한 책 속 비밀

초등학교 고학년의 온책읽기로 유명한 『푸른 사자 와니니』는 아이들이 무척 좋아하는 책입니다. 저자는 『짜장면 불어요』로도 유명한 이현 작가님입니다. 아이들이 좋아하는 초원의 왕 사자가 모티브가 된 이 책은 현재 6권까지 나왔지요. 최종적으로 10권까지 내는 것이 작가님의 목표라고 합니다. 관련한 영상, 학습지들도 무척 많습니다. 재미를 얻으면서도 학습할 수 있는 부분이 많아 학생과 선생님들 모두 좋아하는 책입니다. 여러 교훈 중에서도 아이들은

'함께'의 힘을 가장 좋아하고, 쓸모없는 줄만 알았던 힘 없는 사자가 스스로 무리를 이끄는 왕이 되어 가는 과정에 열광합니다.

　푸른 사자 와니니는 '푸른 초원에 사는 사자 와니니'를 뜻합니다. 상상만 해도 그 자유가 느껴지시지요? 한참 사춘기가 올 무렵 초등학교 고학년들이 읽으면 자유와 동료애에 대해 생각할 수 있는 소중한 시간이 될 것으로 확신합니다.

🅐 혼자가 된다는 것이
가장 무거운 벌일 거예요.

사자의 무리에서 내쫓겨 혼자가 되는 게 와니니에게 제일 무서운 것처럼 사람들에게 주어지는 가장 큰 벌은 '독방'입니다. 어느 누구와도 이야기할 수 없고 혼자만 있어야 되다 보니 우울, 불안, 환각, 자살의 위험까지 느끼게 됩니다. 이후에도 사회에 재통합되기는 어렵지요. 인간은 사회적 동물이라고 한 아리스토텔레스의 말처럼 사람은 공동체를 이루고 살 수밖에 없는 존재인데 '혼자' 남겨진다는 것은 정말 무서운 벌이라는 생각이 들어요.

부모와 아이의 인사이트 확장을 위한 TIP

• 『푸른 사자 와니니』에는 다양한 생각거리들이 있습니다. 자신의 생각은 어떤지 이유를 들어 이야기해 봅시다.

1. 마디바는 어떤 법칙을 가지고 무리를 이끌어 나가나요?

_____

_____

_____

2. '마디바의 법칙'에 대해 자신의 생각을 가치 수직선에 나타내고 이유를 적어 봅시다.

옳지 않다   옳다

이유:

3. 와니니는 토끼 사냥에 성공하지만 먹이를 두고 다투는 모습에 토끼를 숲속으로 던져 버립니다. 이 행동이 잘한 일이라고 생각하나요?

잘한 일이라고 생각한다. 왜냐하면	잘못된 일이라고 생각한다. 왜냐하면

4. 아산테와 잠보가 추구하는 모습은 달랐습니다. 그 둘의 삶을 비교해 보고 나라면 어떤 선택을 할지 적어 보세요.

	아산테가 추구하는 영토가 있는 삶	잠보가 추구하는 떠돌이의 삶
좋은 점		
나쁜 점		
나의 선택		

초등학교 국어 교과서
수록 도서 목록

부록은 초등학교 국어 교과서에 나오는 제재의 작품 이름을 썼어요. 국어 교과서에는 국어 작품 전체를 실을 수 없으니 제재로 일부분만 다루고 있거든요. 새 학기가 시작될 때 부모님이 교과 수록 도서를 찾아 아이들에게 읽혀 보세요. 아이가 자신감 있는 학교생활을 하게 될 거예요. 5, 6학년은 국어 활동 교과서가 없어서 국어 교과서만 실었답니다.

나 자신에서 사회로 점차 시각을 확장할 수 있도록 50권의 책 순서를 정했답니다. 1, 2학년은《나와 친구》,《가족》,《친척》,《사회》,《사회와 우리나라》로 영역을 넓혀 가거든요.

초등학교 국어 교과서 수록 도서 목록을 체계적으로 읽어 보세요. '나'뿐 아닌 '사회'를 보는 눈이 성장하고, 세상을 보는 시각이 점차 확장되는 것을 느낄 수 있을 거예요.

초등 저학년(1~2학년) 국어 교과서 수록 도서

수록 학년과 교과서	책 제목 (출판사)	지은이	확인
1학년 1학기 국어 (가)	라면 맛있게 먹는 법 문학동네	권오삼 글, 윤지회 그림	◯
	숨바꼭질 ㄱㄴㄷ 현북스	김재영	◯
	표정으로 배우는 ㄱㄴㄷ 솔트앤페퍼	소금과 후추	◯
	소리치자 가나다 비룡소	박정선 글, 백은희 그림	◯
	동물친구 ㄱㄴㄷ 웅진주니어	김경미	◯
	한글의 꿈 포스터 리틀애나	성유진	◯
	생각하는 ㄱㄴㄷ 논장	이보나 흐미엘레프스카	◯
	손으로 몸으로 ㄱㄴㄷ 문학동네	전금하	◯
	최승호, 방시혁의 말놀이 동요집 1 비룡소	최승호 글, 윤정주 그림	◯
	우리 동요 — 랄랄라 신나는 인기 동요 60곡 애플비북스	작자 미상, 신유진 외 그림	◯
	깊은 산속 옹달샘 누가 와서 먹나요 예림당	윤석중 글, 한연호 그림	◯
	어머니 무명 치마 창비	김종상 글, 한연호 그림	◯
	이가 아파서 치과에 가요 받침없는동화	한규호 글, 원상현 그림	◯
	어린이 명품 동요 100곡 태광음반	KBS 어린이 합창단	◯
	인사할까, 말까? 웅진다책	허은미 글, 김효진 그림	◯
	1학년 즐거운 생활 올에이미디어	양성은	◯

1학년 1학기 국어 (나)	구름 놀이 미래엔아이세움	한태희	◯
	동동 아기 오리 다섯수레	권태응 글, 김성민 그림	◯
	글자동물원 문학동네	이안 글, 최미란 그림	◯
	아가 입은 앵두 보물창고	서정숙 글, 채상우 그림	◯
	강아지 복실이 국민서관	한미호 글, 김유대 그림	◯
1학년 2학기 국어 (가)	꿀 독에 빠진 여우 보물창고	안선모 글, 김미은 그림	◯
	까르르 깔깔 미세기	이상교 글, 길고은미 그림	◯
	나는 책이 좋아요 책그릇	앤서니 브라운	◯
	콩 한 알과 송아지 애플트리태일즈	한해숙 글, 김주경 그림	◯
	1학년 동시교실 주니어김영사	김종삼 외 글, 오승민 그림	◯
	몰라쟁이 엄마 우리교육	이태준 글, 신기영 그림	◯
1학년 2학기 국어 활동	지구시간 동아일보	황중환	◯
	내 마음의 동시 1학년 계림북스	신현득 외 글, 노성빈 외 그림	◯
1학년 2학기 국어 (나)	몽몽 숲의 박쥐 두마리 한국차일드아카데미	이혜옥 글, 이은진 그림	◯
	도토리 삼 형제의 안녕하세요 길벗어린이	이송현주	◯
	소금을 만드는 맷돌 예림아이	홍윤희 글, 한태희 그림	◯
	나는 자라요 창비	김희경 글, 염혜원 그림	◯
	숲속 재봉사 창비	최향랑	◯
	엄마 내가 할래요! 장영	장선희 글, 박정섭 그림	◯

	윤동주 시집 범우사	윤동주	◯
	우산 쓴 지렁이 현암사	오은영	◯
	내 별 잘 있나요 상상의힘	이화주 글, 김세현 그림	◯
	아니, 방귀 뽕나무 사계절	김은영 글, 정성화 그림	◯
	아빠 얼굴이 더 빨갛다 리젬	김시민 글, 이상열 그림	◯
	딱지 따먹기 ― 아이들 시로 백창우가 만든 노래 보리	초등학교 아이들 글, 강우근 그림	◯
	아주 무서운 날 찰리북	탕무니우	◯
	으악, 도깨비다! 느림보	손정원 글, 유애로 그림	◯
2학년 1학기 국어 (가)	기분을 말해 봐요 다림	디디에 레비 글, 파브리스 튀리에 그림	◯
	오늘 내 기분은… 키즈엠	메리앤 코카-레플러 글, 김영미 옮김	◯
	내 꿈은 방울토마토 엄마 키위북스	허윤 글, 윤희동 그림	◯
	우당탕탕 아이쿠 한국교육방송공사	(주)마로스튜디오	◯
	께롱께롱 놀이 노래 도서출판 보리	편해문 엮음, 윤정주 그림	◯
	어린이가 정말 알아야 할 우리 전래 동요 현암사	신현득 엮음, 정병례 그림	◯
	작은 집 이야기 시공주니어	버지니아 리 버튼	◯
	까만 아기 양 푸른나무출판	엘리자베스 쇼	◯

2학년 1학기 국어 (나)	큰턱 사슴벌레 VS 큰뿔 장수풍뎅이 위즈덤하우스	장영철	◯
	선생님, 바보 의사 선생님 — 의사 장기려 이야기 웅진주니어	이상희 글, 김명길 그림	◯
	명품 유아 동요 영어 동요 150 G.M뮤직	곽진영 작사, 강수현 작곡	◯
	신기한 독 보리	홍영우	◯
	욕심쟁이 딸기 아저씨 노란돼지	김유경	◯
	치과 의사 드소토 선생님 비룡소	윌리엄 스타이그	◯
2학년 1학기 국어 활동	짝 바꾸는 날 도토리숲	이일숙 글, 박진주 그림	◯
	동무동무 씨동무 창비	편해문 엮음, 박향미 그림	◯
	우리 동네 이야기 푸른책들	정두리 글, 임수진 외 그림	◯
	42가지 마음의 색깔 레드스톤	크리스티나 누녜스 페레이라 라파엘 R. 발카르셀	◯
	머리가 좋아지는 그림책 — 창의력 길벗스쿨	우리누리 글, 윤정주 그림	◯
	내가 조금 불편하면 세상은 초록이 돼요 토토북	김소희 글, 정은희 그림	◯
	내가 도와줄게 비룡소	테드 오닐·제니 오닐 글, R.W. 앨리 그림	◯
	7년 동안의 잠 어린이작가정신	박완서 글, 김세현 그림	◯

	수박씨 창비	최명란	◯
	참 좋은 짝 푸른책들	손동연	◯
	나무는즐거워 비룡소	이기철 글, 남주현 그림	◯
	훨훨 간다 국민서관	권정생 글, 김용철 그림	◯
	김용택 선생님이 챙겨주신 1학년 책가방 동화 파랑새어린이	이규희 글, 강산 그림	◯
	신발 속에 사는 악어 사계절출판사	위기철 글, 안미영 그림	◯
2학년 2학기 국어 (가)	아홉 살 마음 사전 창비	박성우 글, 김효은 그림	◯
	신발 신은 강아지 위즈덤하우스	고상미	◯
	크록텔레 가족 함께자람	파트리시아 베르비 글, 클로디아 비엘린스키 그림	◯
	산새알 물새알 푸른책들	박목월 글, 양상용 그림	◯
	저 풀도 춥겠다 보리	부산 알로이시오 초등학교 어린이	◯
	유치원 인기 동요 BEST 50 웅진주니어	웅진주니어 편집부	◯
	호주머니 속 알사탕 문학과지성사	이송현 글, 전미화 그림	◯
2학년 2학기 국어 활동 (가)	교과서 전래동화 거인	조동호 글, 이은주 외 그림	◯
	원숭이 오누이 한림출판사	채인선 글, 배현주 그림	◯
	개구리와 두꺼비는 친구 비룡소	아널드 로벨	◯
2학년 2학기 국어 (나)	콩이네 옆집이 수상하다! 문학동네	천효정 글, 윤정주 그림	◯
	불가사리를 기억해 사계절	유영소 글, 이영림 그림	◯

수록 학년과 교과서	책 제목 (출판사)	지은이	확인
2학년 2학기 국어 (나)	종이 봉지 공주 비룡소	로버트 먼치 글, 마이클 마첸코 그림	◯
	콩이네 옆집이 수상하다 문학동네	천효정 글, 윤정주 그림	◯
	거인의 정원 아이위즈, 씽크하우스	한상남 글, 최재훈 그림	◯
	나무들이 재잘거리는 숲 이야기 풀과바람	김남길 글, 끌레몽 그림	◯
	언제나 칭찬 사계절	류호선 글, 박정섭 그림	◯
	팥죽 할멈과 호랑이 시공주니어	박운규 글, 백희나 그림	◯
2학년 2학기 국어 활동 (나)	엄마를 잠깐 잃어버렸어요 보람	크리스 호튼	◯

초등 중학년(3~4학년) 국어 교과서 수록 도서

수록 학년과 교과서	책 제목 (출판사)	지은이	확인
3학년 1학기 국어 (가)	곱구나! 우리 장신구 한솔수북	박세경 글, 조에스더 그림	◯
	소똥 밟은 호랑이 알라딘북스	박민호 글, 전병준 그림	◯
	너라면 가만있겠니? 청개구리	우남희 글, 이채원 그림	◯
	꽃 발걸음 소리 아침마중	오순택	◯
	아! 깜짝 놀라는 소리 푸른책들	신형건 글, 강나래 외 그림	◯
	바삭바삭 갈매기 한림출판사	전민걸	◯
	책이 사라진 날 한솔수북	고정욱 글, 서현 그림	◯

	바람의 보물찾기 청개구리	강현호 글, 히치 그림 ◯
	삐뽀삐뽀 눈물이 달려온다 문학동네	김륭 글, 노인경 그림 ◯
3학년 1학기 국어 (가)	리디아의 정원 시공주니어	사라 스튜어트 글, 데이비드 스몰 그림 ◯
	한눈에 반한 우리 미술관 사계절	장세현 ◯
	플랑크톤의 비밀 예림당	김종문 글, 이경국 그림 ◯
	꿈나무 영등포 영등포구청	영등포구청 ◯
	명절 속에 숨은 우리 과학 시공주니어	오주영 글, 허현경 그림 ◯
	아씨방 일곱 동무 비룡소	이영경 ◯
	개구쟁이 수달은 무얼 하며 놀까요? 재능아카데미	왕입분 글, 송영욱 그림 ◯
	프린들 주세요 사계절	앤드루 클레먼츠 ◯
3학년 1학기 국어 (나)	알고 보면 더 재미있는 곤충이야기 뜨인돌어린이	김태우라·함윤미 글, 공혜진·고상미 그림 ◯
	짝 바꾸는 날 도토리숲	이일숙 글, 박진주 그림 ◯
	축구부에 들고 싶다 창비	성명진 글, 홍정선 그림 ◯
	쥐눈이콩은 기죽지 않아 문학동네	이준관 글, 김정은 그림 ◯
	만복이네 떡집 비룡소	김리리 글, 이승현 그림 ◯
	감자꽃 보물창고	권태응 글, 신슬기 그림 ◯
3학년 1학기 국어 활동	귀신보다 더 무서워 보리	허은순 글, 김이조 그림 ◯
	아드님, 진지 드세요 좋은책어린이	강민경 글, 이영림 그림 ◯

3학년 1학기 국어 활동	개똥이네 놀이터 보리	편집부	◯
	종이접기 백선 5 종이나라	편집부	◯
	도토리 신랑 보리	서정오 글, 김병하 그림	◯
	식물이 좋아지는 식물책 궁리출판	김진옥	◯
	하루와 미요 문학동네	임정자 글, 박세영 그림	◯
	타임캡슐 속의 필통 창비	남호섭 글, 남궁산 그림	◯
	바위나리와 아기별 길벗어린이	마해송 글, 정유정 그림	◯
3학년 2학기 국어 (가)	거인 부벨라와 지렁이 친구 주니어RHK	조 프리드먼 글, 샘 차일즈 그림	◯
	어쩌면 저기 저 나무에만 둥지를 틀었을까 푸른책들	이정환 글, 강나래 외 그림	◯
	까불고 싶은날 창비	정유경	◯
	눈코귀입손! 위즈덤북	김종삼 외 글, 이동진 그림	◯
	진짜 투명 인간 씨드북	레미 쿠르종	◯
	지렁이 일기 예보 비룡소	유강희 글, 이고은 그림	◯
	내 입은 불량 입 크레용하우스	경화봉화분교 어린이들	◯
3학년 2학기 국어 (나)	꼴찌라도 괜찮아! 휴이넘	유계영 글, 김중석 그림	◯
	온 세상 국기가 펄럭펄럭 웅진주니어	서정훈 글, 김성희 그림	◯
	이야기 할아버지의 이상한 밤 한림출판사	임혜령 글, 류재수 그림	◯
	무툴라는 못 말려! 국민서관	베벌리 나이두 글, 피에트 그로블러 그림	◯

3학년 2학기 국어 활동	귀신 선생님과 진짜 아이들 사계절출판사	남동윤	○
	가자, 달팽이 과학관 보리	편집부 글, 권혁도 그림	○
	꽃과 새, 선비의 마음 보림	고연희	○
	별난 양반 이 선달 표류기 1 웅진주니어	김기정 글, 이승현 그림	○
	알리키 인성 교육 1: 감정 미래아이	알리키 브란덴베르크	○
	아인슈타인 아저씨네 탐정 사무소 주니어김영사	김대조 글, 소윤경 그림	○
	숨 쉬는 도시 꾸리찌바 파란자전거	안순혜 글, 박혜선 그림	○
	눈 비룡소	박웅현 글, 차승아 그림	○
4학년 1학기 국어 (가)	멋져 부러, 세발자전거 낮은산	김남중 글, 오승민 그림	○
	산 웅진닷컴	전영우	○
	동시마중 제31호	김자연	○
	100살 동시 내 친구 청개구리	한국동시문학회 엮음, 김천정 그림	○
	사과의 길 문학동네	김철순 글, 구은선 그림	○
	경주 최씨 부자 이야기 여원미디어	조은정 글, 여기 그림	○
	나비를 잡는 아버지 효리원	현덕 글, 원유성 그림	○
	가끔씩 비 오는 날 창비	이가을 글, 이수지 그림	○
	우산 속 둘이서 푸른책들	장승련 글, 임수진 외 그림	○
	맛있는 과학 — 6. 소리와 파동 주니어김영사	문희숙 글, 진주 그림	○

4학년 1학기 국어 (가)	나무 그늘을 산 총각 봄볕	권규헌 글, 김예린 그림	◯
	경제의 핏 화폐 미래아이	김성호 글, 성연 그림	◯
	무지개 도시를 만드는 초록 슈퍼맨 위즈덤하우스	김영숙 글, 장명진 그림	◯
	신사임당 갤러리 그린북	이광표 글, 이예숙 그림	◯
	지붕이 들려주는 건축 이야기 현암주니어	남궁담 글, 심승희 그림	◯
	쩌우 까우 이야기 창비	김기태 엮음	◯
	아름다운 꼴찌 주니어RHK	이철환 글, 장경혜 그림	◯
	초록 고양이 사계절	위기철 글, 안미영 그림	◯
4학년 1학기 국어 (나)	알고 보니 내 생활이 다 과학! 예림당	김해보 외 글, 이창우 그림	◯
	콩 한 쪽도 나누어요 열다출판사	고수산나 글, 이해정 그림	◯
	생명, 알면 사랑하게 되지요 더큰아이	최재천 글, 권순영 그림	◯
	세종대왕, 세계 최고의 문자를 발명하다 보물창고	이은서 글, 김지연 그림	◯
	세계 속의 한글 박이정출판사	홍종선	◯
	주시경 비룡소	이은정 글, 김혜리 그림	◯
	나 좀 내버려 둬 길벗어린이	박현진 글, 윤정주 그림	◯
	두근두근 탐험대-1부 모험의 시작 보리	김홍모	◯
	비빔툰 9-끝은 또 다른 시작 문학과지성사	홍승우	◯

	내 맘처럼 열린어린이	최종득 글, 지연준 그림
	고래를 그리는 아이 시공주니어	윤수천 글, 이승현 그림
	이솝 이야기 미래엔아이세움	차보금 엮음
4학년 1학기 국어 활동	꽃신 사파리	윤아해 글, 이선주 그림
	아는 길도 물어 가는 안전 백과 풀과바람	이성률 글, 토끼도둑 그림
	신기한 그림 족자 비룡소	이영경
	놀면서 배우는 세계 축제1 봄볕	유경숙 글, 송진욱 그림
	가을이네 장 담그기 책읽는곰	이규희 글, 신민재 그림
	오세암 창비	정채봉
	매일매일 힘을 주는 말 개암나무	박은정 글, 우지현 그림
4학년 2학기 국어 (가)	세상에서 가장 유명한 위인들의 편지 채우리	오주영 글, 강정선 그림
	사라, 버스를 타다 사계절	윌리엄 밀러 글, 존 워드 그림
	콩닥콩닥 짝 바꾸는 날 시공주니어	강정연 글, 김진화 그림
	젓가락 달인 바람의아이들	유타루 글, 김윤주 그림
	wow 5000년 한국 여성 위인전 1 형설아이	신현배 글, 홍우리 그림
4학년 2학기 국어 (나)	정약용 비룡소	김은미 글, 홍선주 그림
	사흘만 볼 수 있다면 그리고 헬렌 켈러 이야기 두레아이들	헬렌 켈러
	어머니의 이슬털이 북극곰	이순원 글, 송은실 그림

4학년 2학기 국어 (나)	투발루에게 수영을 가르칠 걸 그랬어! 미래아이	유다정 글, 박재현 그림	◯
	우리 속에 울이 있다 푸른책들	박방희 글, 김미화 그림	◯
	쉬는 시간에 똥 싸기 싫어 토토북	김개미 글, 최미란 그림	◯
	지각 중계석 문학동네	김현욱 글, 이순표 그림	◯
	멸치 대왕의 꿈 키즈엠	이월 글, 이종균 그림	◯
4학년 2학기 국어 활동	아들아, 너는 미래를 이렇게 준비하렴 글고은	필립 체스터필드	◯
	100년 후에도 읽고 싶은 한국명작동화 II 예림당	한국명작동화선정위원회	◯
	두고두고 읽고 싶은 한국대표 창작동화 3 계림	이원수 외 글	◯
	함께 사는 다문화 왜 중요할까요? 어린이나무생각	홍명진 글, 조성민 그림	◯
	우리 조상들은 얼마나 책을 좋아했을까? 보물창고	마술연필 글, 김미은 그림	◯
	초희의 글방 동무 개암나무	장성자 글, 최정인 그림	◯
	멋진 사냥꾼 잠자리 길벗어린이	안은영	◯
	자유가 뭐예요? 상수리	오스카 브르니피에 글, 프레데릭 레베나 그림	◯
	고학년을 위한 동요 동시집 상서각	한국아동문학학회 엮음	◯
	기찬 딸 시공주니어	김진완 글, 김효은 그림	◯

초등 고학년(5~6학년) 국어 교과서 수록 도서

수록 학년과 교과서	책 제목 (출판사)	지은이	확인
5학년 1학기 국어	참 좋은 풍경 청개구리	박방희 글, 히치 그림	◯
	어린이를 위한 시크릿 살림어린이	김현태 외 글, 한재홍 외 그림	◯
	별을 사랑하는 아이들아 푸른책들	윤동주 글, 조경주 그림	◯
	난 빨강 창비	박성우	◯
	가랑비 가랑가랑 가랑파 가랑가랑 사계절	정완영 글, 임종길 그림	◯
	수일이와 수일이 우리교육	김우경 글, 권사우 그림	◯
	마음의 온도는 몇 도일까요? 주니어김영사	정여민 글, 허구 그림	◯
	색깔 속에 숨은 세상 이야기 아이세움	박영란 외 글, 송효정 그림	◯
	브리태니커 만화 백과: 여러 가지 식물 아이세움	봄봄스토리	◯
	공룡 대백과 웅진주니어	이용규 외 글, 이상민 그림	◯
	생각이 꽃피는 토론 2 이비락	황연성	◯
	여행자를 위한 나의 문화유산 답사기 2 창비	유홍준	◯
	바람소리 물소리 자연을 닮은 우리 악기 문학동네	청동말굽 글, 고광삼 그림	◯
	지켜라! 멸종 위기의 동식물 뭉치	백은영 글, 허라미 그림	◯
	청자의 이해 지도에 관한 연구(2003) 미술교육농촌17	류재만	◯
	잘못 뽑은 반장 주니어김영사	이은재 글, 서영경 그림	◯

	책 제목 (출판사)	지은이
5학년 2학기 국어	바다가 튕겨 낸 해님 청개구리	박희순 글, 신기영 그림 ◯
	니 꿈은 뭐이가? 웅진주니어	박은정 글, 김진화 그림 ◯
	어린이 문화재 박물관 2 사계절	문화재청 엮음 ◯
	전통 속에 살아 숨 쉬는 첨단 과학 이야기 교학사	윤용현 ◯
	악플 전쟁 별숲	이규희 글, 한수진 그림 ◯
	뻥튀기는 속상해 푸른책들	한상순 글, 임수진 그림 ◯
	고맙습니다, 선생님 미래엔아이세움	패트리샤 폴라코 ◯
	파브르 식물 이야기 사계절	장 앙리 파브르 ◯
	한지돌이 보림	이종철 글, 이춘길 그림 ◯
6학년 1학기 국어	뻥튀기 주니어이서원	고일 글, 권세혁 그림 ◯
	내 마음의 동시 6학년 계림	유경환 외 글, 노성빈 그림 ◯
	가랑비 가랑가랑 가랑파 가랑가랑 사계절	정완영 글, 엄종길 그림 ◯
	황금 사과 뜨인돌어린이	송희진 ◯
	우주 호텔 해와나무	유순희 글, 오승민 그림 ◯
	속담 하나 이야기 하나 산하	임덕연 글, 안윤경 그림 ◯
	등대섬 아이들 신아출판사	주평 ◯
	말대꾸하면 안 돼요? 창비	배봉기 글, 이영경 그림 ◯
	조선 왕실의 보물 의궤 토토북	유지현 글, 이장미 그림 ◯

6학년 1학기 국어	얘, 내 옆에 앉아! (주)푸른책들	연필시 글, 권혁진 그림	◯
	샘마을 몽당깨비 창비	황선미 글, 김성민 그림	◯
	아버지의 편지 함께읽는책	정약용 글, 한문희 엮음	◯
6학년 2학기 국어	의병장 윤희순 한솔수북	정종숙 글, 김소희 그림	◯
	구멍 난 벼루 토토북	배유안 글, 서영아 그림	◯
	열두 사람의 아주 특별한 동화 파랑새어린이	송재찬 외 글, 한태희 외 그림	◯
	이모의 꿈꾸는 집 문학과지성사	정옥 글, 정지윤 그림	◯
	노래의 자연 시인생각	정현종	◯
	생각 깨우기 푸른숲주니어	이어령 글, 노인경 그림	◯
	지구촌 아름다운 거래 탐구 생활 파란자전거	한수정 글, 송하완 그림	◯
	사회 선생님이 들려주는 공정 무역 이야기 살림출판사	전국사회교사모임	◯
	배낭을 멘 노인 대교북스주니어	박현경 외 글, 한진현 그림	◯
	쉽게 읽는 백범 일지 돌베개	김구	◯
	장복이, 창대와 함께하는 열하일기 현암주니어	강민경 글, 김도연 그림	◯
	아트와 맥스 시공주니어	데이비드 위즈너	◯
	나는 비단길로 간다 푸른숲주니어	이현 글, 백대승 그림	◯
	식구가 늘었어요 청개구리	조영미 글, 윤순정 그림	◯